小學生寫作文五十二變

挑戰52種作文寫法

高詩佳
侯紀萍 著

推薦序

溫暖的作文操練

有一次，陪就讀小四的孩子複習國文課本，訝異地發現小學生已堂堂進入「修辭」領域了。孩子在閱讀時，竟能分辨哪些是記敘文、哪些是比喻跟擬人法。這都讓我嘖嘖稱奇。

在數十年前的貧苦時代，作文教學也相對貧困。不管是國小作文或國中，老師教學時，除了「起承轉合」外，甚少提到結構的、或修辭的方法，「文」怎麼「作」，就靠個人摸索了。這摸索，便如「瞎子摸象」，過程充滿曲折跟驚奇。比如說，在層層閱讀或自己心生領會，能用上幾個譬喻形容人生，便興奮得如同挖到寶藏；或者能以誇大的方式，來詮釋某個人、某件事，也覺得沾沾自喜。年紀漸長，觸碰新詩領域，趕流行，作些圖像詩，便以為天縱英才；考聯考，寫論說文，採用名人典故支撐所述也自覺不凡。讓人洩氣的是，自以為的獨家發現其實盡在前人筆下，而且，寫得更盡、更好。我是因為無知而自大了。

關於作文的歸納、調理、整合、範例撰寫等，坊間書籍不勝枚舉，而有關作文習作的教學，也因為基測的需要而蓬勃發展。日前，閱讀日本知名數學家藤原正彥的《國家的品格》，提到國家要強，就不能不好好學習自己國家的語文，如果只具備語言才華（比如說外語流暢），言談卻毫無內容，是不可能成為一個真正的國際人。語文的重要性可見一斑，而作文又是其間的重要環節。

作文在今天，已不同筆者幼時求學的樣景，而越來越有專業化的趨勢。從技法、章法，和各類文體如何掌握、體現，以彰各個文類的特性，都蔚為重點。

我一直覺得，作文的這個「作」字，是很有意思的。「作」在大辭典的解釋有「製造」、「興起」等釋意。「作」這個字，盈灌了人的飽滿意志，「作」一篇文章，也是個人心靈、內涵以及文字、形式的完美結合。

《小學生寫作文五十二變》的兩位作者高詩佳跟侯紀萍，讓這一本談作文的書變得很不一樣。高詩佳已出版多本作文暢銷書，年紀雖輕，卻在幼教界教導作文多年，跟學生互動，讓她洞悉該調用什麼方式跟文字，才能讓小學生深刻體會。這就破除了一般作文書籍閉門造車、瞎子摸象的窘境，得以最生動的編排、最流暢的方式，讓小學生快速進入作文世界。侯紀萍甫獲得梁實秋散文獎首獎、聯合報文學獎散文評審獎等肯定，語言純熟，對範例文字跟結構的掌握，自可放心。兩位作者都出身中文研究所，從書籍的構思、撰寫到完成，也具備嚴謹的態度。

而諸如封閉空間描寫、開放空間描寫、以及心理、動作、服裝、表情、觸覺、味覺、聽覺、嗅覺等描寫，乃至於借景、借物、借事、借人等抒情方法，是把古詩、古文等研究所領域的審美跟技法，都轉化為小學生可以吸收並體會的技巧。而每一個技巧的概說，除了作為作文解釋外，且相當程度地說明「作」一篇文章除了技巧外，同時也是自我的完成跟心靈的安頓。

這說明，「作」一篇「文」章，必須有「情」的。這也讓本書顯得處處溫暖。

幼獅文藝主編、作家
吳鈞堯

推薦序

讓遙光捨不得丟掉的作文書

台北方城的夕絢正抿沒最後一抹微紅，迎來漆黑的靜謐。

網路世界裡，沒有所謂的夜。

虛擬空間裡熙來攘往的數位封包，才正方興未艾。

此時絡繹不絕燈號傳送到的，是詩佳最新的作文書。

遙光在終端機的這端，品味。

但悠然的感動，卻正隨液晶螢幕中閃爍的字元，一簇一簇，嵌在靜謐的星空中。

是的，感動。

尤記得當初認識詩佳，是因為接觸中國文學的緣。

透過「傳統中國文學」網站，我們串起彼此對文學的熱情；又因為文人一份傳承的使命，先後走入教學的職志。

雖然因為年紀的差距，遙光比詩佳要起步得早，但在教學的熱忱上，她卻一點也不顯示因為年輕而遜色的生澀。

於是我們得以在虛擬卻又真實的網海，跨越時空的限制，交換彼此的心得。

似遙，卻近；彷彿陌生，其實熟悉。

於是，當有一天詩佳特地打電話給遙光，問到作文教學的瓶頸，我的經驗與她的熱忱，就在剎那間爆出火花。

作為遙光個人教學生涯啟蒙的作文課，

在一路走來的跌跌撞撞中，我有太多的想法與建議。

當初重視作文教學的人們不多，市面上有水準的作文導引書更少。

其中尤可詬病的，是枯燥＋單調＋乏味＋呆板的作文範本。

乏善可陳的教學指引，千篇一律的教條式內容，都讓遙光深覺痛恨。

所以，當詩佳笑著問，到底是哪一本作文範本讓遙光輕易地擲之如敝屣時，我告訴她全丟光了，不復記憶。

曾幾何時，作文教學在年輕一輩老師的手底下，擁有了自己活靈活現的生命。

而作文範本，也在像詩佳一樣兼具創見與努力的老師的手下，樹立出令人愛不忍釋的典範。

翻閱詩佳這本作文書，雖然定位為範本，可是無處不是創意與巧思。

寫夢境主題，以不落俗套的「怪夢」為起點，跳階到描繪心中的「夢想」，再轉馳騁想像的「未來」，最後，以聯想的「改寫」為結束。

無處不令人動容的創意，卻仍看得出文與文之間力圖起承轉合的巧思。

怕解讀文字的能力不足嗎？不用擔心。

其獨創的意象圖，偏偏能讓習慣以圖像思考的小朋友，破除文字的限制，從而導引出架構作文的能力。

其中，固然有遙光之前對詩佳的經驗分享，但能作最大程度的馳想與解構，無疑，已經飛揚跳脫出另一個層次的境界。

當年，遙光不可一世地以為，自己是最

有創意與教學技巧的作文老師。

但曾幾何時，我自以為的不可一世，也在「江山代有新人出」的推移下，逐漸相形見絀。

然而，遙光並不以為悵惘，反而覺得欣喜！

傳承，不正應該繼承著前人的腳步，隨著時代脈動展現出新的生命與面貌？

詩佳的第一本書是《讓學生不想下課的作文課》，佳評如潮，而遙光有幸獲贈一本。

還沒來得及全部品嚐完，詩佳這本書的邀序就來了。

「這本書的書名是什麼？」我問。

「還沒完全確定，不過，我倒是很想取名叫『讓遙光捨不得丟掉的作文書』。」她打趣著說。

「耶？」第一時間錯愕之後，想起自己曾經對她說過的話，我好一陣開懷大笑。

於她，是一份玩笑的莞爾，但是遙光要告訴詩佳，妳真的做到了！

南陽街社會科首席名師
傳統中國文學網站站長

陳啟鵬（遙光）

推薦序

作文學海中的導航書

讀書破萬卷，下筆如有神

一般人都會認為寫作需要才華，但在教了十多年書，累積了一點淺薄的經驗以後，發現「才華也許重要，但透過學習一樣可以『培養』才華」。一如詩聖杜甫所言：「讀書破萬卷，下筆如有神。」我深信這個世界上沒有天才，只有不斷地學習，才能造就天才！

要培養小學生的寫作能力，當然要有好的範本，就像書法臨摹一樣，學了顏真卿就會有顏真卿的韻味；學了柳公權，字裡行間也會有柳公權的骨架。模仿是所有藝術的起源，找到一本小學生好吸收的作文範本，是學習作文的第一步。孔子也說過：「工欲善其事，必先利其器。」一本好的工具書確實是達到事半功倍的一大步。

有幸拜讀了文學獎常勝軍紀萍小姐的新書《小學生寫作文五十二變》，除了讓人眼睛為之一亮，更是滿心感動！感動目前正忙於碩士論文寫作的她，願意撥冗將自己的寫作經驗發揮在小學生的作文上，以深入淺出的文學筆法，將一般學生最視為畏途的事，生動有趣地表達出來。殺雞用牛刀，讓文學獎得主來寫小學生作文，《小學生寫作文五十二變》真的讓人耳目一新，眼前大亮。

寫作文有方法可循

時常在作文課堂上，發現學生每到提筆

為文，不是托著頭茫然望向遠方，便是口裡哀嚎著：「沒有靈感、我不會寫……」永遠停頓在題目的舉步維艱。禪門妙問有一句：「牛拉著車子，如果車子不前進，你是打車子呢？還是打牛？」硬逼著孩子下筆拚命寫、努力寫，每天寫一篇，如果還是沒有進步，就要思考是不是著力方向錯了，對所有的家長而言，都希望小孩子能很快進入狀況，當同學們都埋頭發揮時，不再不得其門而入。

雖然說「文無定法」，但對於初學寫作的小學生來說，作文其實是有方法可循的，學習寫作其實就是先從基本的語言訓練開始：怎樣遣詞、造句、表達心情、布局構思、怎麼樣蒐集靈感，這些都是可以訓練、可以教育的！

《小學生寫作文五十二變》雖是一本針對學習者設計的作文指引，但作為我教導學生的輔助教材，對我有著莫大的裨益！孟子說：「得天下英才而教育之，一樂也！」在教學的過程中，將學子教育成英才的成就感卻更有勝之！

教書多年，也參考了坊間許多作文教學的書籍，大多是艱澀又教條式的言論，但在《小學生寫作文五十二變》我看到了不同於坊間的八股教條，它著重於「學生創意的引導」，書中有適合小學生程度的範文創作及老師的精闢分析，而深入的修辭講解及淺顯的例句說明，更是引導學生創意的一雙翅膀，可以說是集教、學與閱讀鑑賞的精華。

作文學習像是栽培花草，除了長得好，還要長得美。要高人一等就要給予適足的養料，一字千「斤」絕不是不治之症，只是沒有找到好的導航書；下筆行雲流水，更是有書可循，循序漸進，自能日起有功。在《小學生寫作文五十二變》裡，我看到了作者的用心與創新，家中有小學生或是初學華文對寫作有興趣的人，不要錯過這本值得參考的推薦好書。

補教名師 李芳華

作者序

創意與思考

關於教育，這幾年大家最關心的，莫過於學生的國語文能力低於一般社會大眾的預期。進入二十一世紀以後，網路、手機等通訊設備，讓現代人的情感得以迅捷溝通的同時，表達情感的工具——語言——卻隨著科技的日新月異簡化了。因此，火星文、注音文、字母文、別字、誤語、失去邏輯的語言結構與無厘頭的說話方式，隨時可見於學生的作文簿或口頭報告。

從事教學的工作多年，我們發現，要改變學生的國語文能力，最好的方式就是從基礎教育著手。當孩子還是一張白紙時，就灌輸正確的語言書寫和思考方式，一旦進入中學以後，才可以從容應付升學考試的作文測驗。提升國語文能力的最佳時機在小學，最有效率的方法還是從「作文」入手。「作文」讓我們看到一個學生語言運用的能力、識字程度的高低、觀察事物的粗細，以及思考見識的深淺。要寫好一篇作文，的確需要花功夫，無怪乎絕大多數的學生視寫作文為畏途。

其實寫作文並不難，難的是「寫好作文」。作文的重點在創意，一篇好的作文大抵充滿創意，不人云亦云的文章才容易令人耳目一新，驚喜連連。而基礎教育應該側重啟發學生的創意，在創意的前提下，引導學生思考，跳脫陳腔濫調。如果能夠落實創意與思考這兩項訣竅，寫作文就可以變成一件腦力激盪的益智遊戲，足以媲美時下風行的線上遊戲。

本書培養學生一個重要觀念：人的思考是靈活的，一篇文章，其實可有許多不同的表現方式。作文是富有個性的創造性腦力活動，而非一門僵硬死板的學科，傳統「千篇一律」、「千人一腔」的寫作教學，容易造成「濫調」，使學生面對作文題目只能單一思考，此點應有所突破與革新。本書撰寫精神即著重於創意啟發，以各種不同的思考角度、組織性的思考流程圖、富於意象的插畫，引導學生進行寫作前的觀察與構思，激發學生的創意能力，發展到生活的各個層面。

「寫作箱子」系列書籍《讓學生不想下課的作文課》與《小學生寫作文從這裡開始》，可作為本書的配合教材，前者能幫助教師及家長輕鬆引導孩子思考，順利地掌握教學課程與脈絡；後者則讓孩子按照設計的活動、遊戲或問答討論，讓孩子在輕鬆的氣氛下學會寫作，從閱讀範文中，培養閱讀力，再由「老師講評」學會欣賞文章，汲取經驗，成為寫作的參考。三書配合使用，將使您的孩子成為有創意、具思考力和寫作優勢的小孩！

CONTENTS 目錄

壹 技巧篇

UNIT

1-1

想像力作文

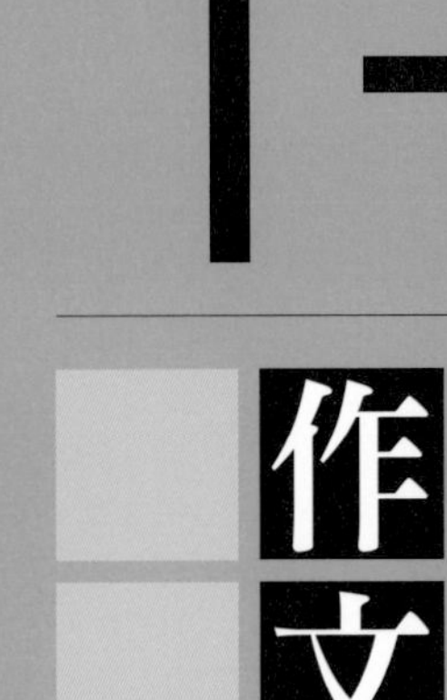

壹 技巧篇

UNIT

1-1 想像力作文

想像力對寫作來說，是非常重要的。一篇沒有想像力的文章，就像是「沒有加上焦糖的蛋塔，平淡無味」。想像力具有神奇的力量，可以點鐵成金，化腐朽為神奇，讓你超越時空的限制，將平凡無趣的文章變得豐富生動。

想像力就像人的大腦和器官，如果不常常使用，就會退化。如果要想像力變豐富，就要靠平時的培養和鍛鍊，平常你應該好好地觀察周圍的事物，包括人的外表、個性、動作、講過的話、動物、植物、自然景物、房間及家中擺設等，學習觀察的技巧，練習從觀察中進行聯想，才能刺激你的想像力，最後把這些想像到的東西，用文字描寫出來。

小朋友充分發揮想像力，就能在文章中創造出屬於自己的想像世界。

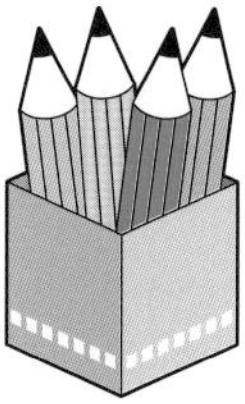

寫夢境

◎——說明引導

「夢」是個很好寫的作文題目，因為不需要提出證據，每個人作的夢都不同，內容也不必符合現實，可以盡情發揮想像，天馬行空地去寫。

本篇作文題目是「我作過最怪的夢」，應選擇你認為「最怪」的夢來寫，夢的內容太普通，是不符合題目要求的喔！如果你對自己作過的夢沒有印象，也可以虛構出一個夢。

首先，第一段可以寫你曾作什麼夢，這個夢是你認為非常怪異的，強調它怪到很難忘記。

第二段將夢境的內容詳細描述，利用譬喻法來形容夢中所見的事物，把抽象的夢化成具體的東西，並強調這個夢境的怪異之處。

最後寫出作完夢的感想，這個夢帶給你什麼感覺？是害怕呢？還是愉悅？你可以從很多地方下筆，主要寫出你的感覺，不一定要對這場夢發表意見或評論。

◎——範例

我作過最怪的夢

記憶中作過最怪的夢，就是「在水銀裡游泳」，很奇怪吧！這個夢大約每兩、三年會出現在夢裡一次。夢的情節是我在一片「汪洋」裡游泳，但這片「汪洋」好詭異，並不是一般的海水，而是一種半透明、濃稠的、很沉重的「水」。夢醒之後，我覺得這種水像極了水銀！

夢一開始，我坐在一艘小船上載沉載浮，水是沉重的，就像爛泥巴一樣，因此聽不見「嘩嘩」的水聲，我感到船隻晃動得很厲害。小船在搖晃一陣子後，忽然開始向一邊傾斜下沉，我嚇得拚命往高處爬，漸漸的，船終於完全沉入水裡，我整個人便浮在一片「汪洋」中。

我在水面上拚命呼救，奇妙的是，並沒有花費什麼力氣，也沒有使用高超的游泳絕技，竟然奇蹟似的在水裡漂浮，沒有沉入水裡。我很高興，以為自己能逃過一劫。就在這時，我看見另一艘小船向我這邊過來，船上面載著爸爸、媽媽，我又驚又喜，心想終於可以獲救，但是沉重的水銀卻開始向下拉扯我的腿，我拚命掙扎……忽然「碰」的一聲，耳邊出現好大的聲響，我便從夢中驚醒過來，原來是貓咪弄翻了我的書。

每次這個夢都在這裡結束，而且都是同樣的情節，而我也總被嚇出一身冷汗，直到現在為止，我還是不知道夢的結局是什麼。

老師講評

本篇文章為「我作過最怪的夢」，顧名思義，就是要你敘述一個夢境，而且必須強調這個夢境的奇怪之處。越是奇怪的夢，就越能引起讀者的興趣。

本文一開始點出自己所作的「奇怪之夢」是在「在水銀裡游泳」，這樣的開場就足以使人產生新鮮特殊的感覺，完全出乎我們日常的生活經驗，符合題目所謂的「奇怪」。

第二段開始敘述夢的內容，講到自己在船上載沉載浮的害怕與恐慌。

第三段，寫掉入水銀中的「奇妙」感受：「奇蹟似的在水裡漂浮，沒有沉入水裡。」十分引人入勝，將「奇怪」發揮得淋漓盡致。夢境最後以為可以獲得解脫，卻神來一筆地寫自己被水銀向下拉扯，製造拚命掙扎的恐怖感，帶起高潮，在最緊張的一刻宣告夢的結束，是很值得學習的技巧。

最後，作者以「沒有結局」作為文章的結尾，讓人意猶未盡。本篇文章以「半透明、濃稠的、很沈重的『水』」形容水銀的性質，用得很貼切，運用了豐富的想像力。

寫夢想

◎——說明引導

本篇的題目是「夢想中的房子」，讓你藉由文字設計想像中的家。每個人心中都有夢想，也許會實現，也許不會，夢想常受到現實的限制，有的人放棄了，有的人繼續擁有夢想，只要心中還有夢，總有一天會成真。

家是人們的避風港，是人們唯一放鬆的所在，所以什麼樣的家，都是溫馨可愛的。寫作時，你可以加入自己的想像，說明屋子的建築樣式、房間和客廳風格、擺設，它們位置的分配，以及你希望營造的感覺、氣氛等。你可以超越現實的限制，寫出現實世界不可能出現的房子。

第一段可以描寫房子的外觀，牆壁、屋瓦等的顏色。

第二、第三段則描寫房子內部的空間和擺設，特色是什麼，應對想像中的事物詳細描繪。

最後一段寫出你在房子裡都做些什麼活動？你對夢想中的房子有什麼期待？段落分明，就是一篇很好的文章了。

◎——範例

夢想中的房子

在我的心中，有個夢想中的房子，叫作「小藍屋」，因為它的外觀是由各種藍色組成的：屋頂是晴空萬里的天空藍，四面的牆壁是愛情海的海水藍，而大門則是

有著異國風情的土耳其藍。

小藍屋兩旁長了一對天使的翅膀，只要我坐在客廳的沙發，說出我想去的地方，它就會帶著我飛到世界各地。小藍屋的客廳是我的最愛，窗前放著一張純白色的布沙發，旁邊的桃木茶几擺著來自大海的貝殼相框，以及曲線玲瓏的玻璃花瓶；橘色的窗簾遮住一大半的窗戶，窗戶玻璃上有海星、海草和熱帶魚的花紋，住在這裡就像住在海洋世界一樣呢！

我累了就會在小藍屋的臥室睡覺，臥室的大床是柔軟的花瓣鋪成的，散發淡淡的花香，房間四周放了幾盆綠色植物。音響播放著輕音樂，讓我很容易就進入夢鄉。有時，我會在臥房看彩色的圖畫書；有時，我會到屋外的草原上畫畫，畫的就是這棟美麗的小屋。

小藍屋是我的夢想，在那裡，我可以自由自在地做想做的事，可以玩遊戲、看書、睡覺。我想邀請所有的同學來這裡玩，在青翠的草原上野餐、打球，快樂地度過一天。這棟夢想中的小藍屋是我的天堂，希望有一天能擁有它！

老師講評

所謂「夢想」，有時是不符合邏輯或道理的想法，只要天馬行空任想像力馳騁遨遊。本文「夢想中的房子」，讓我們放開思想的束縛，發揮神奇的想像力。

第一段介紹夢想中的房子「小藍屋」命名的由來，從外觀以及環境所產生的特色來描述，開場就讓讀者產生期待。

第二段寫「小藍屋」最大的特色，是「兩旁長了一對天使的翅膀」，打破一般人對「房子」只是固定在原地的觀念。房子可以帶人飛到世界各地，具備了飛機的功能，真的是個「夢想」出來的房子。

後面兩段寫出對房子的期待，又回到了真實的層面，帶有童心的單純。

建議可針對第二段小藍屋有翅膀深入發揮，讓自己「夢想中的房子」（小藍屋）帶自己去完成其他夢想（去世界各地），就更豐富了「夢想」二字的意義，成為「夢想中的夢想」。

寫未來

◎——說明引導

本篇作文「一百年後的小學生」，讓你想像一百年後的小學生是怎麼生活、怎麼學習。隨著時空的變化，同樣是小學生的身分，但各方面卻可能產生新的改變，你可以發揮想像力預測未來。

文章的寫作方式可有不同變化，可直接寫一百年後的事情，整篇文章描繪未來小學和小學生的學習與生活方式；也可以先寫一百年前的小學生，再寫一百年後的，並將兩者作比較，就能觀察出小學生的生活有多大地變化。

寫作時，所舉的例子都要和小學生有關，例如制服、書包、上課情況等，不要寫到無關的事物，才不會離題喔！

◎——範例

一百年後的小學生

我是個油漆早已剝落的老舊路燈，視力已經很差了，在朦朦的街上亮著微弱的光，卻有著洞察世事的眼睛。從一百年前，就一直佇立在小學校門口，知道好多故事。

記得一百年前，小學生都是穿球鞋或皮鞋上學，他們穿著同樣的制服，長、短袖季節分明。他們的書包裡面放了許多課本和參考書，常常重得背不動，必須放在地上拖著走。他們在操場上跑步或打球，十分愉快；放學時，我看到許多傭人來接他們放學，只有少數是由父母接送。

但是過了一百年，小學生上體育課卻是穿著浮力鞋，在操場上練習飛行技術，好在運動會上有傑出的表現。他們穿銀色的制服上學，那種布料輕得讓人感覺不到它的存在，能隨著天氣調節溫度，就不會感冒。每個小學生都提著黑色的電子書包，裡面只放迷你電腦、音波擴大儀和電子眼鏡，就能在校園的任何角落上課。但是我看不到小學生在操場打球、放風箏或玩遊戲，來接他們放學的都是家庭機器人，不是父母。

隨著科技文明的進步，小學生的生活改變了，不知道再過一百年，還會有什麼變化？對一個老路燈來說，我只希望看到小學生快快樂樂地玩樂、學習，被父母親疼愛和關心，這樣就夠了。

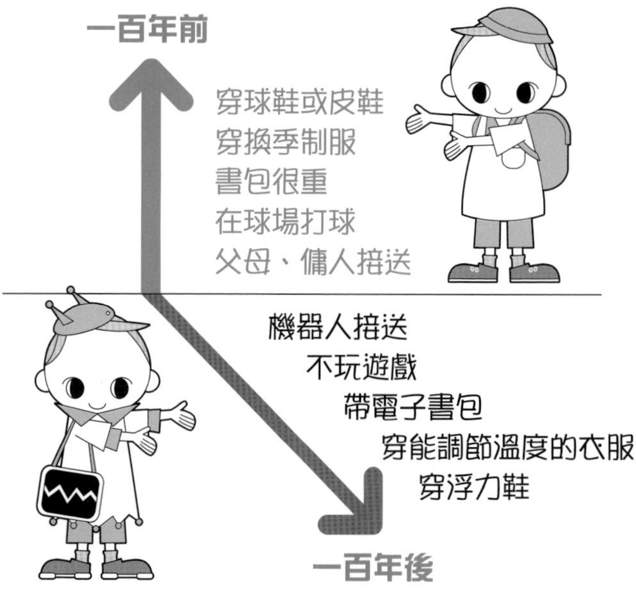

老師講評

「一百年後的小學生」這個題目，要強調的是由「時間」的遷移，環境所產生的落差，即從現在開始的「一百年以後」，會發生什麼樣的變化。

本文以在路邊一盞「油漆早已剝落」的老舊路燈的角度，用它微弱的視力來觀察這一百年來「小學生」的變化。

第二段寫一百年前（現在的）小學生的生活樣貌，穿制服、背重重的書包、上體育課玩遊戲，放學時有傭人來接他們，貼近現在小學生的生活。

第三段寫一百後（未來的）小學生的變化，穿浮力鞋、練習飛行技術，穿輕盈布料的衣服，提著電子書包，放學由機器人來接等等，瀰漫豐富想像力，尤其是描寫「銀色的制服」的布料和特殊功能，想像一百年後科技的發展，充滿奇幻感覺。

最後，以老路燈的話道出，在追求科技文明的進步之下，不要忘記小學生最需要的是愛和快樂，藉由老路燈的抒發感懷結束文章，充滿溫馨之感。

寫理想

◎——說明引導

人類因夢想而偉大，夢想更是促進人類文明進步的動力。每個人都有夢想，也有想要成為的人，你可曾想過自己將來要當哪一種人嗎？本篇題目是「如果我是發明家」，指定讓你寫將來成為發明家後想做的事、想發明的東西。

文章可分成五段，第一段先假設你是個發明家，你想要對人類作出什麼貢獻？

第二段到第四段可以各寫一種你想發明的東西，這個東西有什麼特殊功能？構造如何？使用之後會使你或全體人類的生活，產生什麼變化？而這些發明是不是有正面和博愛的意義？

最後一段可將你的抱負理想重述一次，並對未來寄予一些期待。

◎——範例

如果我是發明家

如果我是發明家，我就可以發明許多高科技產品，讓人們享受便利的生活，我一定會善用自己的天分，改善這個世界。

我第一個要發明的是「電子書」。現代的電子書都是把檔案文字存到手機或PDA才能讀，太麻煩了！我要發明一種電子紙張做的書，所有文字可以透過網路下載，再顯示在電子紙上，只要一秒鐘就能把原來的內容刪去，然後下載新資料來閱讀。有了電子書，我們就不用再背著大書包，只要帶幾張電子紙去上課就好了，非常地環保。

我第二個要發明的是「能把垃圾吃掉的垃圾桶」。因為媽媽要我每天拿垃圾到地下室的垃圾場丟掉，垃圾場放了社區所有家庭的垃圾，味道非常臭，黑黑暗暗的，讓我很害怕。如果我是發明家，我就要發明能把垃圾吃掉、消化掉的垃圾桶，可以輕鬆地處理垃圾，不必再拿垃圾去地下室丟了。

我第三個要發明的是「神奇靈藥」，這種藥能醫好所有的絕症，包括變種的癌症和最新的愛滋病毒，讓人不再被這些疾病奪走生命。可是當人類都不會死亡，地球一定會慢慢地沒有地方給人住，所以，我還要在太陽系的每個星球架設基地，蓋舒適的房子，好讓人類能移民到其他星球居住。

我希望將來能成為發明家，讓這些夢想中的發明一一實現，帶給人類更多的便利，更希望能藉著發明，幫助飢餓的難民永遠都不會缺乏糧食，過著幸福的生活。

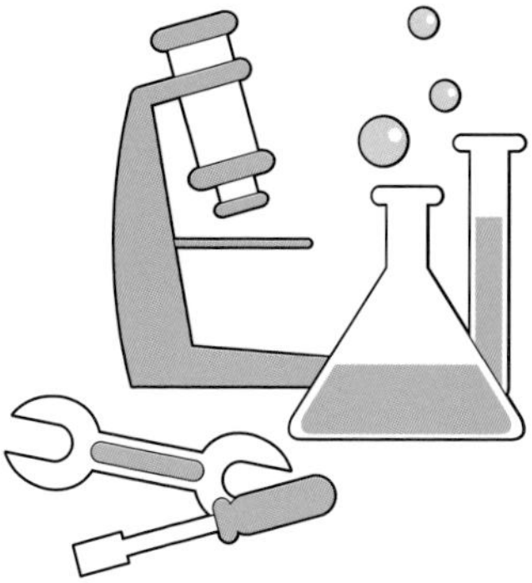

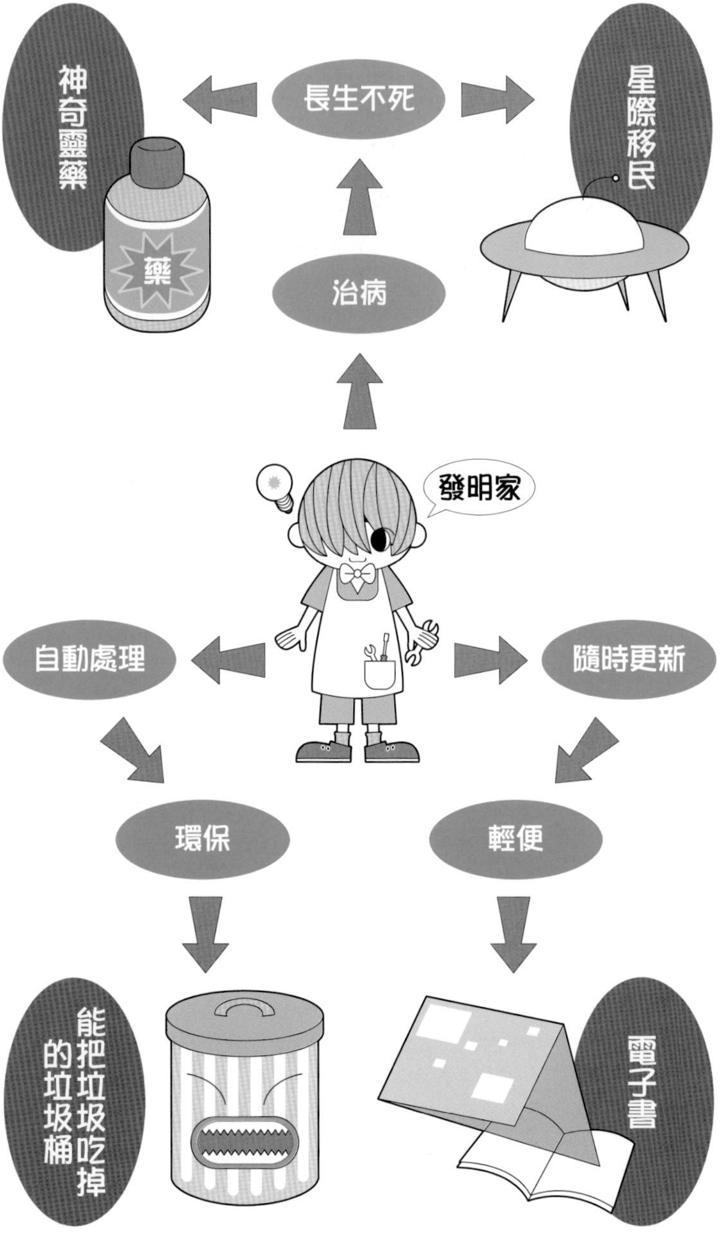
神奇靈藥
藥
長生不死
星際移民
治病
發明家
自動處理
隨時更新
環保
輕便
能把垃圾吃掉的垃圾桶
電子書

老師講評

本篇文章「如果我是發明家」一開始就用開門見山的方法，直接說明自己是發明家，可以「發明許多高科技產品」，善用天分，改造世界，寫出文章的主旨。

第二段寫到要發明「電子書」，那是「一種電子紙張做的書」，可以把文字下載在「電子紙上」，如果不要的話，也只要「一秒鐘就能把原來的內容刪去」，讓學生不再「背著大書包」，非常地環保，這是在現實世界原有的基礎上想像而成，不同於「無中生有」的想像方式。

第三段寫想發明「能把垃圾吃掉的垃圾桶」，也是在現實既有的基礎上加以發揮，有孩童的天真。

第四段寫到想發明「神奇靈藥」，和在太陽系的每個星球蓋舒適的房子，這兩者之間有連結的關係。因為發明「神奇靈藥」，導致死亡不再發生，人類將沒地方可住，所以需要到地球以外的地方——太陽系蓋房子。本段將兩種想發明的物品，以因果的方式推論出來，是一種上乘的寫法。

最後，作者寫出為人類謀福利的理想，想發明的東西都與「環保」有關，建議在文中略作提醒，可增加文章的深度。

寫創意

◎——說明引導

小朋友讀過許多童話故事，可以自己試著改寫故事結局，發揮創意喔！

本篇選擇「青蛙王子」的結局來改寫，故事最後是公主親吻青蛙，青蛙變成王子，王子和公主就快樂地生活在一起了。除了這個結局，你是否還能想到別的呢？試著寫寫看吧！

提示：英俊的王子得罪了巫婆，被下咒變成了一隻醜陋的青蛙。巫婆說，除非青蛙遇上一位真心愛他的女孩，魔咒才能破解。後來青蛙終於遇上美麗的公主，並以牠的善良征服了公主的心，讓公主親吻牠……

◎——範例

「青蛙王子」的結局改寫

當青蛙要求公主親牠的時候，公主簡直嚇死了，因為青蛙的身體溼溼黏黏的，好醜啊！可是青蛙的善良征服了公主，於是公主鼓起勇氣，親了一下青蛙。忽然，「呼」的一聲，青蛙不見了，巫婆的魔咒終於解除，青蛙變回英俊的王子。

王子好開心，大聲地叫：「謝謝妳啊！公主！」可是奇怪的事情發生，公主竟然不見了，王子怎麼找都找不到。找了半天，王子覺得很累，於是坐下來休息，這時有個細細的聲音說：「王子！王子！我是公主，就在你的腳邊。」王子低頭看，發現一隻青蛙在他腳邊跳來跳去。王子說：「對不起！公主。原來妳的吻解除了魔咒，卻害妳變成青蛙。」

青蛙公主好傷心，不停地哭。王子覺得很抱歉，就決定親吻青蛙公主，讓公主恢復原狀，於是又「呼」的一聲，王子變成了青蛙，可是這次公主竟然沒有變回原來的樣子。這下王子和公主都成了青蛙，公主才恍然大悟，原來自己本來就是青蛙嘛，當初受到詛咒的不只是王子而已。

公主很高興變回「青蛙公主」，可是當人當太久了，竟然忘記青蛙該怎麼跳，一直跳不好，扭到腳，姿勢難看地掉進水裡，於是青蛙王子教牠學跳，適應青蛙的生活。青蛙公主很笨，一直學不好，王子就不耐煩地發脾氣，公主也不甘示弱和他大吵一架，把王子趕走。王子生氣走了，公主就重新選王子。接下來，就是「青蛙公主」的故事囉！

老師講評

第一段將原來「青蛙王子」的故事結局重述一遍，勾起讀者的記憶。

第二段進入改寫的內容，寫公主吻了青蛙以後，青蛙變成王子，但是公主自己卻變成了青蛙。這一點打破了童話故事「青蛙王子」的既定思考。

第三段寫王子決定吻青蛙公主，讓青蛙公主變回人，結果王子回復成青蛙，但公主卻沒有變回人。原來，當初受到詛咒的不只是王子，還有公主。

第四段寫青蛙公主因為當人當太久，忘記怎麼跳，青蛙王子教她適應青蛙的生活，兩人卻因此吵架，王子走了以後，公主決定選新的王子。

故事最後出現了全新的結局，甚至移轉敘述的焦點，從「青蛙王子」變成「青蛙公主」，與原故事結局比較，產生了「跳躍性」的結果，發揮了故事結局改寫的想像力，令人耳目一新。

寫聯想

◎——說明引導

當我們面對事物時，應該從各種角度去想，例如看到天上的雲，你會從雲的形狀聯想到什麼呢？卷雲的形狀長得像白羽毛，層雲總是霧一般灰濛濛的，就像一塊灰色的布幕，積雲看起來一團團的，就像棉花。發揮想像，多多觀察，你才能成為聯想豐富的人。

本篇作文「數字的聯想」，讓你看著數字「1、2、3、4、5、6、7、8、9、0」的形狀，與其他事物作聯想，寫出數字的奇特之處。

第一段寫數字對你的意義是什麼？你在生活中會接觸到哪些與數字有關的事物？

第二段將1到0的數字逐一聯想，可運用譬喻法，把你聯想到的一一寫下，記得要按照數字的順序寫。

第三段寫你對數字的感想，數字對你來說是否不可或缺？生活中有了數字會變得如何？把你對數字的看法寫下來吧！

◎——範例

數字的聯想

數字無所不在，充滿了我們的生活，人們依賴數字，過著每分每秒。我們甚至可以用數字來介紹自己：我的生日是6月6日，幸運數字是3，討厭電視遙控器少一個數字，愛玩的遊戲是數字拼盤，

最怕數學考卷上的分數是「0」。

數字的形狀獨特而優美：1像雨傘的傘柄，為人遮蔽風雨；2像天鵝的脖子，低著頭整理羽毛；3像金魚嘟起俏皮的嘴；4像舞者踮著腳尖跳舞；5像虎克船長的金鉤手；6像體育老師的哨子；7像七彩的枴杖糖果，是聖誕老人帶來的甜蜜滋味；8像扁扁的豬鼻子，高興時就用鼻子頂人；9像斷了線的氣球，向天空越飄越遠；0像顆發亮的彈珠，滾啊滾，忽然掉進洞裡，不見了！

數字是這麼奇妙，構成了多姿多采的世界，它帶來文明，也帶來便利與希望。人的一生也和數字緊緊相繫，就像植物需要養分，使人依賴，也受到人的支配。數字自有單純的美好，數字無所不在！

老師講評

第一段寫數字充滿我們的生活，舉例符合人們依賴數字過生活的真實情況，如生日、幸運數字、電視遙控器、數字遊戲和數學考卷的分數，非常貼切。

第二段直接以數字的形狀作聯想，跳脫了一般人對數字的想像，例如：「3像金魚嘟起俏皮的嘴」、「4像舞者踮著腳尖跳舞」、「9像斷了線的氣球，向天空越飄越遠」等，從形狀聯想，打破了傳統對數字的既定概念，將文字從計數的普通符號，躍升為具有圖像的意義。

第三段寫數字的奇妙構成了世界，有文明、便利與希望，並以「像植物需要養分」比喻人對數字的依賴，恰到好處。

本文雖然只有短短三段，卻發揮了淋漓盡致的想像力，也說明好文章不在長度，而在內容的表達。

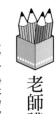

壹 技巧篇

UNIT

1-2

作文修辭法

壹 技巧篇

UNIT 1-2 修辭法作文

修辭法的功能是修飾詞句，讓你寫作時能將事物描寫得很生動，並言之有物。修辭像是作文的化妝師，將你的文章打扮得漂漂亮亮，深深吸引讀者去閱讀。修辭又可以強化你的遣詞用句，讓文章產生多種面貌，不至於刻板單調。

本單元介紹的是「擬人」、「譬喻」、「誇飾」及「疊字」，這些修辭法除了可在文章中單獨使用，還可綜合使用，讓寫作技巧具有多種變化，你的文章就會非常生動喔！

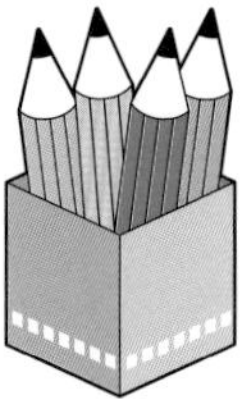

擬人法

◎概說

擬人法，就是在文章中將不是人類的事物，當成有感情的人來描寫的寫作方法。這裡所指的「物」，可以包括「具體」的實物，也就是我們身體感官可以明顯感受的事物或感覺，又可以分成兩類，一類是有生命的生物，例如所有的動、植物，像貓、狗、玫瑰花、薰衣草等；一類是沒有生命的物體，例如空氣、海洋、路燈或是學校等。

另外，也可包括「抽象」的事物，就是沒有具體形象的物品。可以是一種情緒、感覺，例如快樂或想念；也可以是一種思考，例如想像力等；更可以是一種現象，例如時間、季節等。

運用「擬人法」的文章容易給人深刻的印象，吸引讀者的目光，非常適合用在記敘文和抒情文。

◎說明引導

本篇文章「書」，採用修辭的擬人法，將沒有生命的書，當成有感情的人來比喻，就是把「書」當成一個「人」作自傳性的書寫。

使用擬人法寫文章，就是以某樣物品作為第一人稱述說，常見的題目像「XX的自述」，把「XX」當成人來介紹他自己，讓我們可以認識與了解「XX」的特性，使呆板的事物變得生動感人，如「書的自述」或是「想像力的自述」。

想一想，如果你是一本書，你會居住在什麼地方？有哪些家人或鄰居？你的主人對待你的態度好不好？會不會無情地把你丟在地上，或從來不看你，將你弄得髒兮兮？還是時常翻看你，把你清潔得乾乾淨淨？你對主人的感情是如何呢？身為一本書，你覺得自己的價值是否和別的物品不同？把自己想像成書，用擬人法來寫這篇文章吧！

◎範例

書

我住在一排一排木板隔成的房子裡，和家族的人緊密地生活在一起。左邊是爸爸，右邊是姐姐，媽媽在姐姐的旁邊，爸爸的另外一邊是小弟。房子裡還住著爺爺、奶奶還有其他數不清的親戚們。爸爸說，我們是一個龐大的家族，專門提供知識給需要的人，一個大腦越容易飢餓的人，就越需要我們的幫助，我們是人們的精神糧食。

我家的樓上搬來了一些新鄰居，但是還有一些空房沒有住滿，所以，他們常歪歪斜斜地站不直，有時乾脆橫躺在木板屋上，像愛賴床的小孩。

我的主人每天都會來我們的社區逛逛，有時候幫我們打掃房子，有時候幫我們清潔身體。我喜歡主人翻開我，讓我可以舒展僵硬的筋骨，也喜歡他注視我，對著我思考，或是大聲地朗誦我，讓我更了解自己的價值。

雖然我身上單調的黑色紋路，比不上

紅紅綠綠的鈔票，可以換來很多漂亮的東西，但我還是盡自己最大的本分，讓需要我的人可以盡情享用我，當人們最好的朋友，使人們因為我而感到富有。

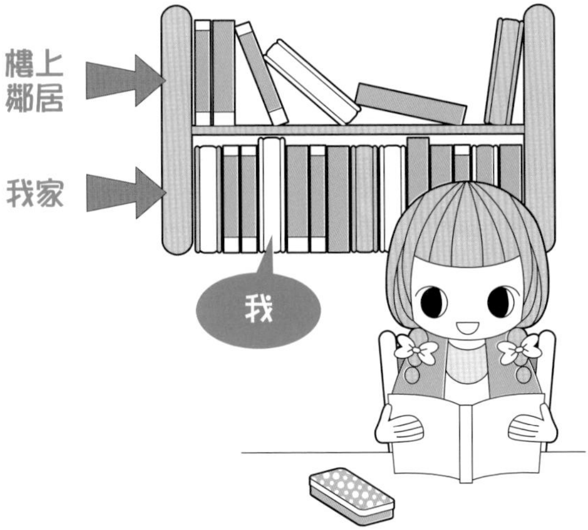

老師講評

本文一開始，就把「書」當成主角，用「書」的角色發言。

先說明「我」的住處是在一排一排的書櫃，以及與家族生活的情形。用「家族」而不用「家人」，點出「書」往往不是只有一本或數本，而是數十本，而書的最大特色，就是提供知識，是精神糧食。

第二段寫到沒有擺滿書櫃的層架上的書，總是歪歪斜斜地倒著，也是書櫃的一種風景。

第三段想像「書」的渴望，期待主人可以翻閱它，並多讀書、多思考，書便可以更了解自己的價值，也暗示主人知道「書」的價值。

最後，以什麼才是「富有」深入思考。書雖未必能帶來物質的享受，卻能滿足心靈的渴望，道出書在生活中的角色，是人們最好的朋友。

本文全篇未提到「我是書」，卻加以描述書的性質，是一篇擬人法的佳作。

譬喻法

◎——概說

譬喻又稱比喻，是一種最常見的修辭方法。寫文章有時為使別人容易理解，通常會用比喻的方法來加以描寫，這種修辭方法就叫作譬喻法，可用來描寫人或物的外表、個性和特質，通常拿某樣事物去形容另一樣事物，而且這兩種事物必須要有共同點，或是相似的地方，才能夠彼此拿來比喻。

譬喻的方法就是「借此喻彼」，就是用A來比喻B，如「星星像撒了滿天的珍珠」或「山谷彷彿是仙境」，用星星來比喻珍珠，用仙境來形容山谷的美。

譬喻法有個很容易辨別的特徵，只要你

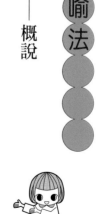

看到句子當中有：是、為、像、就像、好像、好比、比方、似、好似、如、有如、般、彷彿、宛如等詞語，加上內容是「拿某樣事物去形容另一樣事物」，就知道是用譬喻法寫成的句子。

◎——說明引導

本篇作文題目是「去年暑假的回憶」，就是要講述一件跟去年暑假有關的事，沒有地點的限制，時間卻強調是「去年暑假」。去年暑假發生了許多事，你必須選擇一件最令人印象深刻、記憶特殊的事來寫。

第一段可先帶讀者進入時光隧道，回憶去年暑假的情景，天氣如何？用譬喻法形容它。

第二、第三段寫出你發生了什麼事。也許是出去玩，也許是生病在家，敘述事情的始末。

最後一段則寫回憶去年暑假時的心情和感想。記得在形容事物和自己的感覺時，多運用譬喻法，將使文章變得生動。

◎——範例

去年暑假的回憶

記憶是一塊濃純的巧克力，雖然早已在口中融化，每回只要一想起，那種甜蜜的滋味卻永遠也忘不掉。那是去年暑假最無聊的一天，天氣熱得像火災現場，可憐的我卻正好感冒不能吃冰，身體湧出的汗像水管流出的水一樣多，就是澆不熄心中

的火。

因為實在太熱了，我決定不聽醫生和媽媽的叮嚀，準備打開冰箱吃冰棒。就在爬上椅子打開冷凍庫的一剎那，媽媽正好走進廚房，我一緊張就從椅子上跳下來，左腳沒踩穩折到大拇指，因為怕被媽媽罵，忍著不敢說。

到了晚上，大拇指腫得像元宵一樣大，洗澡的時候我痛到哇哇哭出來，媽媽趕快帶我去醫院掛急診，醫生拿一袋冰塊給媽媽，媽媽小心翼翼地幫我冰敷，我就在醫院睡著了。不知過了多久，媽媽叫醒我，我的腳已經消腫可以回家了。睡眼惺忪的我，牽著媽媽冰棒般的手突然醒過來，原來為了幫我冰敷，媽媽都沒有鬆過手。過幾天，我的腳就完全好了。

那是去年暑假最讓我難忘的回憶，就像媽媽的愛，溫暖的感覺永遠也忘不掉。

老師講評

本文第一段開始就以巧克力比喻記憶，強調那是一種難忘的甜蜜滋味。接著以火災現場比喻夏天，身上冒汗像水管的水一樣多，是譬喻兼誇飾，此段連用三種比喻說明對事件的回憶。

第二段，說明事件發生的原因，作者因為想偷吃冰，結果從椅子上跳下來，腳受傷的事發經過。

第三段承接第二段，講母親慈愛的表現，敘述母親帶作者去醫院，替作者冰敷等細節，將母親冰冷的手比喻為冰棒，讓作者深受感動，天氣很熱但母親的手如冰棒，可見母親心中的擔憂。

最後一段，用三句簡潔有力的話，呼應文章開頭的「忘不了」，這篇文章就有了一記漂亮的結尾。

誇飾法

◎——概說

誇飾法，是一種用文字表現誇張的寫作技巧。有時我們為了使文章生動，或強調想表達的內容，可先把要描寫的人、事、物的特點找出來，然後將這個特點誇大描寫，就會給人誇張、強烈而有趣的印象，如「走在柏油路上像是走在鐵板燒上」，雖然不合事實，卻能加深讀者印象。

另外，把事物的特點或自己的情意，形容得很小、很不起眼，或很不重要，屬於縮小描寫，也是誇飾的一種，如「你走路的聲音比貓還輕」，或「她的心眼比針孔還小」。不論誇大或縮小，只要描寫不合事實，相差了好幾倍，都可以當作是誇張的形容。

人的心情也能誇張地表現出來，如「緊張到頭皮發麻」或「高興得魂都飛了」，不但能強調想表達的心情，也能將情緒描寫得十分生動傳神。

◎——說明引導

本篇題目「街頭風景」，顧名思義就是要描寫街上的風光。街上會出現哪些風景？又該如何表現？可以參考本篇範文。所謂「風景」，並不限於大自然的風景，凡是街道的人、事、物，都可以當作風景來加以描寫，將街道上的所見所聞用誇飾法形容。

第一段說明你要描寫的對象是哪條街，通常在什麼時候出來逛街？

第二、第三段寫這條街上有什麼好玩的、好吃的？你的日常生活如何和這條街聯繫一起？可以用誇飾法形容玩和吃的感覺，用誇大的方式去強調。

最後一段可寫出感想，或是延續前面寫出你與這條街的緊密連結。

◎──範例

街頭風景

我家住在一條熱鬧的街上，每當晚餐時總是人山人海，一不小心很容易就被擠扁，雖然如此，我還是很喜歡出來逛街。

街上的商店多到數不清，有我最喜歡的牛肉麵，每次打完球，我就餓到可以吃下二十碗。再走幾步有一家冰店，老闆娘是一個很慈祥的媽媽，她端出來的每一盤冰都比山還高，讓我看了十分感動，恨不得立刻全部吃到肚子裡。花店也是這條街的特色，店裡面有各種顏色和大小不同的花，最大的向日葵比我的臉還要大，真是快把我嚇死了。

每天睡覺前，媽媽都會叫我去買明天的早餐，這時候我都很高興可以溜到街上走一走。麵包店的土司麵包是媽媽做三明治的材料，還有牛奶也是每天早上都要喝的飲料。買完麵包和牛奶以後，我就會用飛的速度回家。

這時路上的人漸漸減少，商店也陸續關門，這條熱鬧的街已經開始打呵欠，準備休息了。當然也到了我該上床的時間，我就和這條街一起進入沉沉的夢鄉。

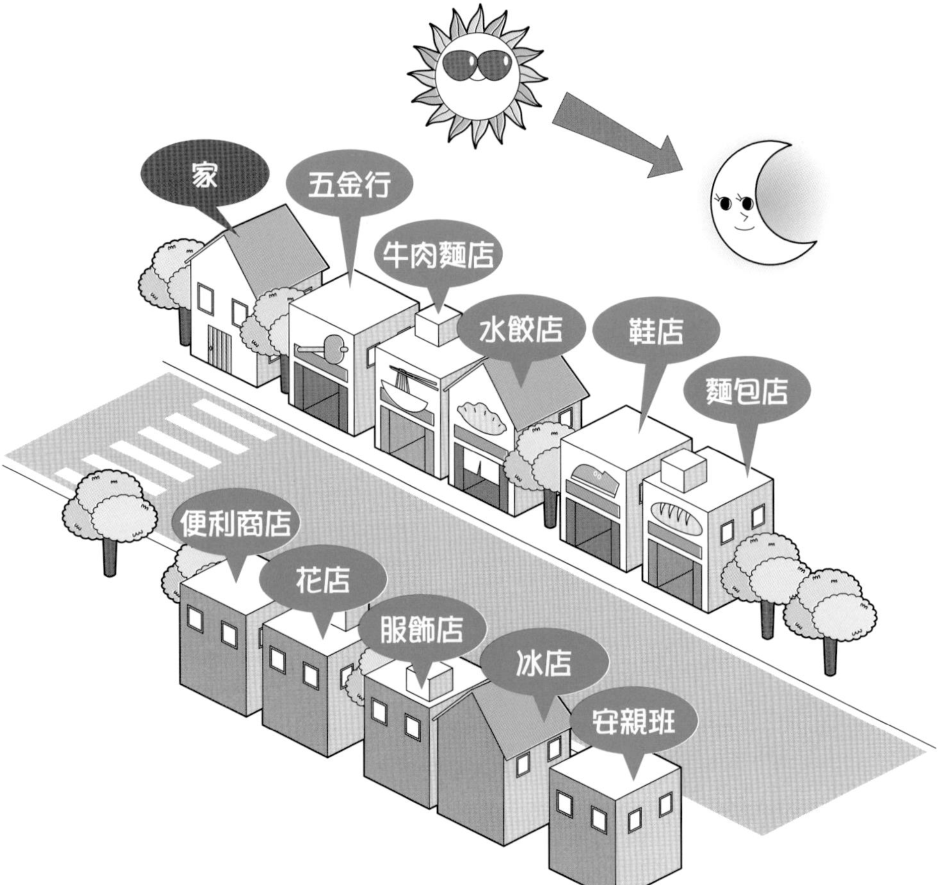

牛肉麵店	每次打完球，可以吃下二十碗。
冰店	老闆娘是一個慈祥的媽媽，端來的冰比山還高。
花店	向日葵比我的臉還要大。
麵包店	買麵包和牛奶當第二天的早餐。

老師講評

本文第一段用「人山人海」和「擠扁」兩個誇飾法，來點出「我」住的街是一條很熱鬧的街，說明街與你的關係。

第二段說明這條街上有牛肉麵店、冰店和花店等，是「它」的特色，其中也穿插「吃下二十碗」、「冰都比山還高」、「向日葵比我的臉還要大」等誇飾法的運用。

第三段寫睡前對街上的流連忘返之心，以「買明天的早餐」為由再到街上走一走。

最後，將街道擬人化，說這條熱鬧的街就會和我一起進入夢鄉，將人與街的關係聯繫一起。

用誇飾的手法寫一條街的風景，可以把街景寫得新奇有趣。再融入自己的日常生活，街道彷彿就與我們緊密相連，成為生活的一部分。

疊字

◎——概說

詩歌裡面，常為了加強語氣和情感，增加詩歌的聲音美，而使用疊字，造成音樂的效果。疊字的用法是把兩個一樣的字，當作一個「詞」，如「美美」、「白白」。在文章使用疊字，可以加強語氣，像「嘩嘩」是形容流水的聲音，「烏溜溜」形容頭髮烏黑亮麗的樣子，「輕飄飄」則形容輕盈的樣子。

疊字能使你的描寫變美，我們形容一個女生「眼睛很大、很圓」，感覺好單調，一點都不覺得美，但如果幫它加上疊字：「她的眼睛水汪汪、圓溜溜的，像是會說話。」就能把眼睛溼潤、圓亮的感覺，描寫得十分傳神。

只要我們能記得許多疊字，學會利用這些疊字來造句、作文、寫詩，那麼，我們的作文功力，就會增強好幾倍喔！

◎——說明引導

本篇作文「冬天的晚上」，是讓你寫出「冬天」和「晚上」的所見所感，寫的時候一定要注意，冬天的晚上和其他季節的晚上，有什麼不同？晚上其實本來就比較清涼，但冬天的晚上則更寒冷。此外，你在冬天的晚上會做些什麼事？可以寫在家裡的活動，把家人寫進來，也可以寫在戶外的活動。

文章可分四段，第一段寫冬天的景象和特性，從自然界的變化來寫。

第二、第三段寫在冬天的晚上喜歡做的事，你的感受如何？或是你和家人共同參與的活動，是出外逛街還是在家吃晚餐？

最後一段可寫感想，也可以感性作結束，寫出對冬夜的感覺。文章不妨多用擬人、譬喻等方法來寫，會更加生動。

◎——範例

冬天的晚上

冬天到了，草木紛紛枯黃掉落，街道上的行人減少，感覺冷冷清清的；窗外的蟬兒也不叫了，連太陽也害怕寒冷似的躲在家裡，天天都不情願地升上山頭，等到傍晚就快快地下山，大地一下子就陷入了寂靜。

冬天的晚上，我最喜歡像太陽那樣躲在家裡，聽著冷風呼呼地從緊閉的門窗縫裡溜進來，當風勢強大時，窗戶還會乒乒乓乓作響，好不嚇人！我最愛開著暖氣，用棉被把全身包得緊緊的，安心地坐在沙發上看電視。房子外面的氣溫寒冷如冰，但室內卻暖如春天，這種感覺棒極了！

冬天是寒凍的季節，每當寒流來襲時，我們全家人總會在晚上吃熱呼呼的火鍋，或是煮一大鍋香噴噴的鍋燒麵，邊吃邊聊，享受天倫之樂。在睡前，媽媽都會泡一杯熱熱的牛奶給我喝，那香香濃濃的牛奶在我口中擴散開來，使我全身暖洋洋的，心裡頭覺得很幸福。

冬天的晚上，星星很少，只有三、四顆星孤單地發出冰冷的光；人聲、車聲都不見了，只剩下黑漆漆的夜陪伴著守夜的路燈。我躲在暖暖的被窩裡，看著深海一樣的冬夜，漸漸地進入夢鄉。

老師講評

第一段先寫冬天給人的感覺，「冷冷清清」，用夏天的蟬和太陽的躲起來作對比，說明「大地一下子就陷入了寂靜」。

第二段進入主題寫「冬天的晚上」關於「我」的活動，「喜歡像太陽那樣躲在家裡」，「用棉被把全身包得緊緊的，安心地坐在沙發上看電視」，室內就像有春天。

第三段寫冬天晚上的天倫之樂，以及母親的愛心所帶來的幸福之感，溫暖了嚴寒的冬天。又是**對比法**的運用。

第四段寫冬天晚上的景致，孤單、冰冷，而自己因為有一個溫暖的家，得以安穩地進入夢鄉。

文章將冬天整體的氛圍掌握得很好，讀

了能使人感到寒意，卻也充滿暖流。敘述時將冬日風景的冷清，與室內親情的溫暖調和融洽，能使用適當的疊字，文中「冷」與「暖」的對比手法運用極佳。

綜合修辭

◎——說明引導

小朋友可運用擬人、譬喻、誇飾、疊字等方法來作文，藉此認識各種修辭方法綜合使用的情況，因為並非只能在一篇文章，使用一種固定的修辭方法。修辭方法是一種寫作技巧，讓我們的文章增添繽紛活潑的色彩，千萬不要死守一種方法，不知變通，阻礙了寫作的發展。

本篇作文題目「散步」，是以「散步」為主題，記述或抒發與「散步」有關的心情。

第一段寫曾經和誰去散步？心情如何？作概括性的開頭。

第二段寫散步時你看到了什麼？

第三段觀察散步所見到的人們或動植物，運用修辭法來描寫他們。

最後一段寫散步結束後，你的心得感想。

◎——範例

散步

放假的時候，爸爸和媽媽常常帶我去郊外散步。郊外的空氣像剛洗完衣服一樣乾淨，有一種清香的味道，聞起來，心情很愉快，像長了翅膀的小鳥，在天空自在地飛翔。

散步的路上，兩旁都是比天還高、葉子比頭髮還濃密的樹木，爸爸說：「它們的年紀都很大，每天都在這裡保護這條路，讓我們可以來散步，所以我們要尊敬它們。」

我們在散步的時候，也會遇到其他的人，有人邊走邊觀察路上的植物和昆蟲，有人展開雙臂，大口呼吸，有人大聲聊天，有人像烏龜背著重重的背包，準備去野餐。我和爸媽散步的時候只帶水，流汗口渴的時候補充水分。我們也不說話，媽媽說，來到郊外就是要聽鳥語花香。

我們散步到快中午的時候就準備回家，太陽爬上天空的正中間，肚子也咕嚕咕嚕叫了。路旁不知名的野花野草會對我搖搖身體說再見，我也向它們揮揮手，期待下一次放假的散步。

老師講評

本篇文章分別運用譬喻、誇飾和擬人等三種修辭法，例如「空氣像剛洗完衣服一樣乾淨」、「比天還高、葉子比頭髮還濃密的樹木」，和「野花野草會對我搖搖身體說再見」等，這些多元豐富的意象，閱讀起來分外清新。

第一段直接寫放假去散步的全家活動，散步的地點是郊外，空氣和心情一樣好。

第二段，說明散步路上的景物，並藉此認識植物和昆蟲，也是一種很好的生活學習。

第三段講一起散步的人們的百態，點出「我和家人」來散步，是為聽城市聽不見的鳥語花香，涵義深刻。

第四段寫散完步準備回家，期待下一次散步的心情。

本文將修辭法運用自如，建議在第三段多寫與家人的互動，雖然不說話，但依然可有肢體動作、眼神的交流，補充了這點，將突顯出散步是全家親暱的活動。

壹 技巧篇

UNIT

1-3

感官描寫

壹 技巧篇

UNIT

1-3 感官描寫

「摹寫法」是一種修辭法，就是在寫作時把你對於人、事、物的各種感覺，細膩生動地描述出來，方法是利用視覺、聽覺、嗅覺、味覺、觸覺等五種感官作描寫。視覺描寫是將眼睛看到的事物，用文字描寫出來；聽覺描寫是將日常生活聽到的各種聲音描寫出來；嗅覺描寫是將鼻子聞到的各種氣味描寫出來；味覺描寫是把吃東西感受的不同滋味描寫出來；觸覺描寫是將皮膚感覺到的刺激描寫出來。

寫作的時候，要善用五官的知覺來描寫事物，並反應到內心世界；要以具體的形容代替抽象的敘述，加入個人情感，使感覺變得強烈；要巧妙運用想像力，並多用譬喻、擬人等修辭；最後要以五感綜合摹寫來取代單獨的感官摹寫，使寫作技巧更純熟。善用感官描寫，描寫的對象就會從「平面」變「立體」，從「黑白」變「彩色」。

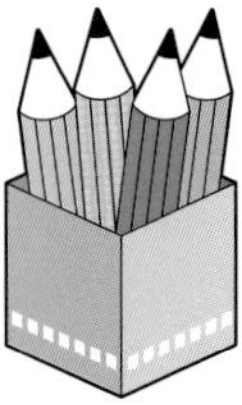

視覺描寫

◎——概說

視覺描寫是描繪眼睛看見的事物，描寫顏色是基本寫法，在文字加入能表現色彩的形容詞，寫作時可運用譬喻法來比喻所見到的顏色，將你生活中的事物與顏色作聯想，如從黑色想到咖啡再想到失眠、夜晚等等，並用擬人或誇飾來形容顏色帶給你心情的影響。

◎——說明引導

我們的生活，充滿各種美麗的色彩，藍天白雲有色彩，圖畫紙上有色彩，教室的黑板和牆壁有色彩，我們每個人的心情也有色彩。寫作時可運用視覺描寫，對色彩、景物、動作、場所等作一番描繪，就能將文章點綴得多采多姿。

本篇作文「我愛彩虹」，是讓你描寫彩虹的顏色，寫出對這些色彩的感覺。第一段先說明是在什麼情況看見彩虹？看到時，你的心情如何？

第二段寫出彩虹各種顏色的特色，你可以用譬喻法來形容，它們帶給你什麼感覺？是否影響你的心情？會不會引起你的想像？

最後一段抒發感想，彩虹的特性雖然美麗，但十分短暫，你的想法是什麼呢？

◎——範例

我愛彩虹

我愛彩虹。彩虹最常在下午、雨後天晴時出現，那時候空氣溼溼的，不但可以聞到清新的青草香，還能看到美麗的彩虹從青山那端，輕巧地探出頭來，像一座橋一樣橫跨在湖面，那美麗的景色，讓我無法忘記。

天邊的彩虹閃耀著各種不同的色彩，紅、橙、黃、綠、藍、靛、紫，每種顏色都有它的可愛之處：紅色像珍貴的紅寶石，橙色像酸溜溜的柳橙，黃色像美麗的楓葉，綠色像青翠的草原，藍色像廣闊的海洋，靛色是還沒成熟的果實，紫色是芬芳的薰衣草，這些顏色編織成七彩項鍊，點綴了藍天。我看著彩虹，想像彩虹的另一端應該是天堂，如果能在彩虹上散步，那該有多棒啊！

雖然彩虹很美麗，卻十分短暫，很快就會消失不見，她帶給我的快樂只有一瞬間，但是卻令人難以忘懷。每當彩虹出現，就好像在告訴我，人應該要珍惜上天賜給我們的禮物，學會欣賞大自然，並懂得愛護大自然。

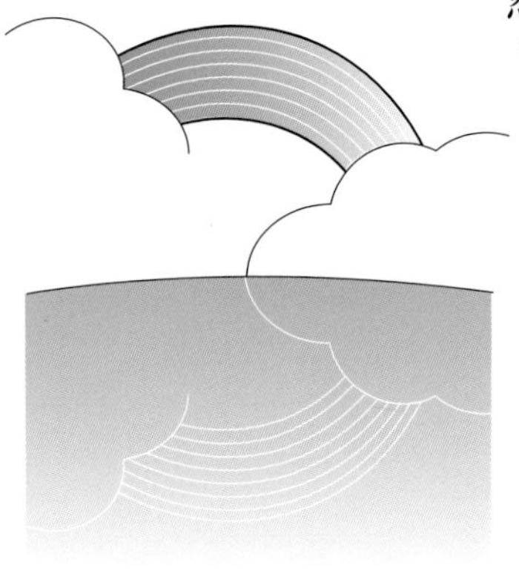

紅	紅寶石	珍貴的
橙	柳橙	酸溜溜
黃	楓葉	秋天
綠	草原	青翠的
藍	海洋	廣闊的
靛	果實	未成熟的
紫	薰衣草	芬芳

老師講評

本文運用日常可以見到的彩虹，寫出對顏色的深刻感受，將抽象的顏色譬喻成實物，每一種譬喻都發揮了想像力。

第一段以「空氣溼溼的」、「清新的青草香」和「彩虹從青山那端，輕巧地探出頭來」等細膩的筆法，描寫彩虹出現的時機，表現出細微的觀察力，而這正是想像力的基礎。

第二段進入本文的主題——彩虹，作者運用大量的形容詞來形容彩虹的顏色，如「紅色像珍貴的紅寶石」、「橙色像酸溜溜的柳橙」、「靛色是還沒成熟的果實」等，突破了以往我們對七種彩虹顏色的單調思考，又以「七彩項鍊，點綴了藍天」，把「天堂」跟彩虹作連結，呈現如詩如畫的美景。

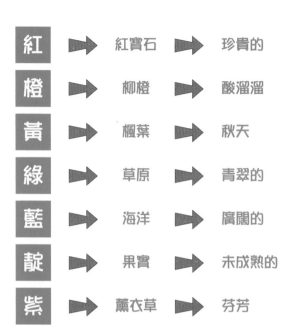

第三段以彩虹的短暫，鼓勵人珍惜天賜的、美好的事物，是不錯的結尾。把顏色具體化，是這篇文章帶給我們最大的啟發。

聽覺描寫

◎——概說

文章可以充滿各種聲音，寫作時用到聽覺描寫，才能寫出真實感。為使文章有聲有色，還要善加運用狀聲詞。狀聲詞是模仿自然聲音的詞語，可如實記錄事物發出的聲音，如下雨的聲音是「淅瀝」；另外還可藉著聲音表現情感和動作，如「小溪潺潺唱著歌兒」，這些聲音加上人類的情感及動作，就能使文章生動許多。

◎——說明引導

在文章裡描寫聲音，會使文章有聲有

色，當你寫作時，不只要寫人物的對話，凡是和聲音有關的，都要運用聽覺描寫，才能寫出真實感。本篇「上菜市場」就是讓你運用聽覺描寫，寫出在市場聽見的聲音。

你曾經去過菜市場嗎？那是個充滿聲音的地方，正是練習描寫聲音的好機會。第一段可寫出上市場的原因，通常是什麼時候去？和誰去？

第二段到菜市場，應先形容市場的環境，是髒亂還是乾淨？攤子上陳列了哪些東西？

第三、四段寫買菜的經過，如何挑選蔬菜魚肉？小販們如何叫賣？有沒有看到什麼有趣的事？

最後一段寫感想。

◎——範例

上菜市場

今早，趁著好天氣，媽媽要我陪她上菜市場，這是我最開心的事了，我喜歡聽市場裡的吆喝聲，人推人，人擠人，熱鬧得不得了，有著過年的氣氛。

走進市場，小販的叫賣聲和廣告的喧囂聲便洶湧而來，人們互相講價，所以吵雜聲非常地大。一排排的攤子十分整齊，新鮮的魚閃閃發亮，水果攤上五顏六色的水果成堆，遇到有水的地方，我就踮著腳尖走。

媽媽帶我到魚販前，只見一個客人手提菜籃，正討價還價：「老闆，再減五十吧！」魚販急忙搖手：「不行啦！這樣我要落跑了！」大家聽了都笑起來。我們開始挑魚，媽媽說，買魚要看鰓的顏色，鮮紅的才新鮮。我們挑了兩條虱目魚，魚販接過魚，就開始「刷刷刷」刮去鱗片，處理好後交給我們。

接著，我們來到雞販前，看到地上堆著許多雞籠，每個籠子都塞滿了活雞，眾雞「喀喀」此起彼落地亂叫，大概都知道自己的死期不遠。媽媽選了一隻雞，要老闆幫我們切好，只聽輕重一致的「剁剁」聲起，全雞很快就被處理成雞塊。我們又經過水果攤，媽媽捧起一顆綠西瓜，用手指敲出「叩叩」聲，聲音還有彈回來的感覺呢！媽媽說這樣才是好瓜。

上菜市場真是個奇特的經驗，在市場可以看到人生百態，所有人都為了生活而努力著，不論是勤奮的小販、採買的家庭主婦，或是隨時洶湧而來的噪音，其實都代表著生命力呢！

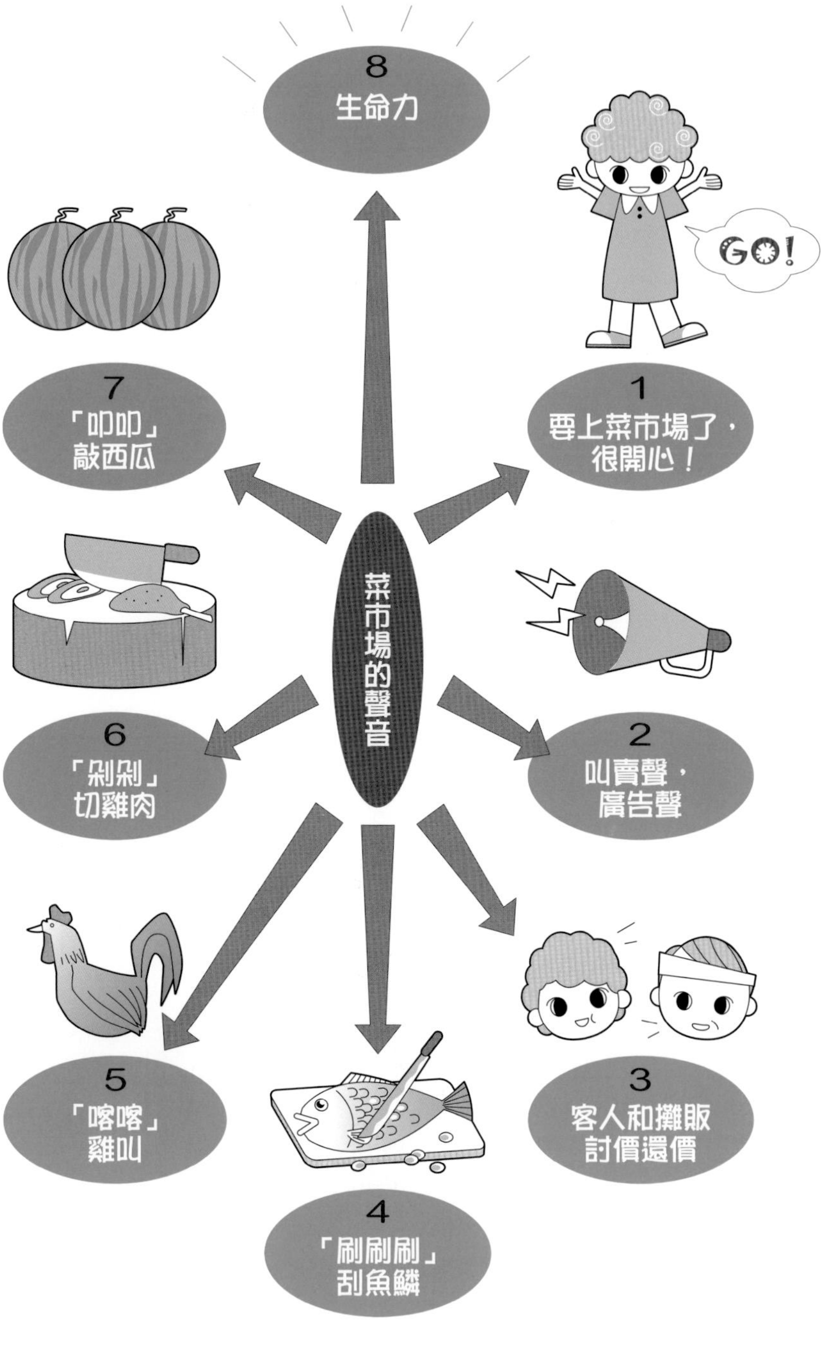
菜市場的聲音
1
要上菜市場了，很開心！
GO!
2
叫賣聲，廣告聲
3
客人和攤販討價還價
4
「刷刷刷」刮魚鱗
5
「喀喀」雞叫
6
「剁剁」切雞肉
7
「叩叩」敲西瓜
8
生命力

老師講評

「菜市場」是一個「充滿很多聲音」的地方。本文一開始以「喜歡聽市場裡的吆喝聲」和「小販的叫賣聲和廣告的喧囂聲」和「人們互相講價」等聲音，來形容菜市場特有的氣氛，是很生動的開場。

第三段以客人討價還價和魚販幽默的對話，表現菜市場裡互動的情況，顯得活潑傳神。

第四段寫雞群此起彼落的「咯咯」聲，揣測雞群「知道自己的死期不遠」的擬人寫法很有趣。魚販刮去魚鱗的「刷刷」聲、驚心動魄的剁雞聲，和敲水果的「叩叩」聲，則讓人有身歷其境之感，寫出了「菜市場」熱鬧、生活的百態。

最後以「菜市場」象徵生命力，將本文作了一個漂亮的結束。

本文運用了狀聲詞，以順暢的敘述能力寫出了「菜市場」的特色和觀察，是值得參考和學習的佳作。

嗅覺描寫

◎概說

氣味無形無影，瀰漫在空氣中，幾乎所有的事物都有氣味，有時我們可以從一個人身上的氣味，看出他的個性和習慣。如果在文章使用嗅覺描寫，就能使文章變得生動，讓讀者彷彿聞到真實的氣味。

嗅覺描寫，是將生活中聞到的味道描寫出來，氣味虛無飄渺，所以應該用具體的事物形容它，讀者才容易理解。應多用譬喻法或疊字，並注重情感的抒發，將氣味與個人內心的感情融合在一起。

◎說明引導

本篇作文題目是「最香的氣味」，讓你寫出記憶中認為最香的氣味。想一想，從什麼人或事物上發出來的氣味，最能引起你內心深處的回憶？那個氣味像什麼？請利用具體的事物來形容。透過某種氣味，聞到空氣中的味道，都會讓你想起過去發生的點點滴滴。

一般對氣味的寫法，都是直接描寫香氣的芬芳或臭味的難聞，但你也可以用臭味來反向書寫，例如某種難聞的味道對你而言一點都不臭，因為那是某個你愛的家人、朋友的味道，雖然臭，但在某種情境下，卻是令你感到幸福的味道，這樣臭的氣味就變成香的，讀來令人感動。

◎——範例

最香的氣味

我聞過最香的氣味，是弟弟身上的味道。

我和弟弟相差六歲，記得弟弟還是個小嬰兒的時候，我很喜歡靠近他的臉，聞他臉上的氣味。弟弟剛喝過牛奶，臉上還帶著一縷極細微的氣息，那味道像牛奶混合著玉米麥片，十分香甜。

從小，弟弟的個性就害羞內向，是個安靜的小孩，因為這個原因，我常帶他到附近的公園走走，希望他能和其他的小朋友玩。弟弟最喜歡和住隔壁的鄰居小傑玩在一起，他們愛在公園的沙坑堆沙子，玩得全身髒兮兮。有一次，我看見弟弟把沙子塞進嘴裡，我嚇了一跳，趕快把他抱回家，他的身上有潮溼的泥土味，早上才洗過的頭髮則有如青草般清新。

去年的聖誕夜，弟弟生病了，把吃下去的食物吐得到處都是。爸媽很焦急，就送他去醫院住了幾天，聽說是得到嚴重的腸胃炎。過了幾天弟弟回來，他一進門，我就聞到難聞的藥味和好幾天沒洗頭的油垢味，他蹦蹦跳跳地跳到我身上，說：「哥哥，明天要帶我去公園玩喔！」雖然弟弟身上的味道很臭，但對我來說，那卻是最香的氣味，也是幸福的氣味。

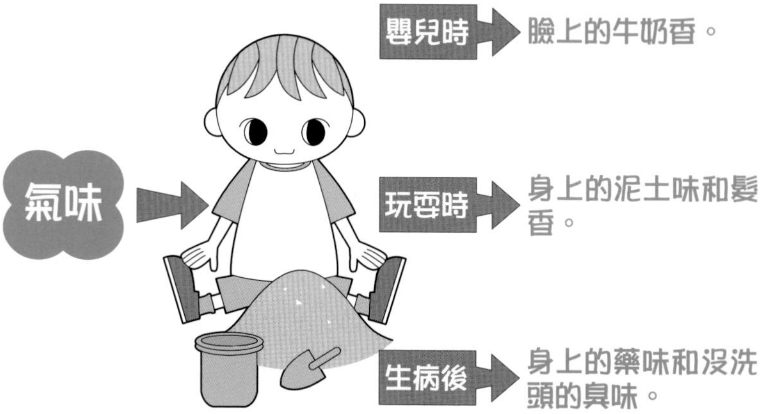

老師講評

「氣味」的特殊，是在於我們無法眼見為憑，完全看不到它。正因為它看不到、摸不著，所以帶給我們無限的想像力。

本文「最香的氣味」，從嬰兒時期的弟弟出發，描寫記憶中弟弟的味道，是一種「牛奶混合著玉米麥片」的香味，令人印象深刻。

第二段寫幼時的弟弟，有「身上有潮溼的泥土味」和「早上才洗過的頭髮則有如青草般清新」等味道，若能加上「我簡單幫他洗過後身體後，他身上就散發青草般清新的味道」，更能表現兄弟之情。

最後寫因為弟弟生病，帶出身上味道的改變，但是對「我」來說，卻是最幸福的香味，表示兄弟情深。

本文由味道牽引出記憶，將弟弟從嬰兒、幼時到去年的每個階段，身體味道的變化與記憶連結，是極佳的表現。

味覺描寫

◎——概說

寫作時，難免會寫到與味道有關的內容，也許是寫飲食，也許是寫內心的感受，可利用味道的酸甜苦辣等特性，對食物或味覺感受加以描寫，使字裡行間充滿味覺的享受。

描寫味覺可先從食物本身的味道著手，進一步將飲食與生活中所發生的事，連結在一起，最後探討味覺帶給你的心理感受，或針對飲食這件事發表感想。

◎——說明引導

本篇作文「最愛吃的食物」，是讓你運用

味覺的描寫，寫出自己最愛吃的食物。你可以運用譬喻法或誇飾法，巧妙或誇張地形容吃到食物的感覺，讓人讀了你的文字，就像吃了美食，令人回味不已。

第一段先說明你愛吃的食物是什麼？原因為何？或用破題法，開頭第一句就抒發自己的喜愛，如「我最愛吃……了！」。

第二段寫出食物的特色，也可以寫出料理的方法，和每一種食材的顏色、味道等。

第三段寫出你吃食物後的感覺，味道如何？心裡的感覺如何？可多利用譬喻或誇飾來形容，並描寫吃食物時的環境和作菜的人。

最後一段則寫出感想，如果能對作菜的人表示敬意或懷念最佳。

寫此類文章可將作菜的人和食物聯繫起來，寫成一段回憶；可單獨寫一種食物，也可以每一段各寫一種食物。

◎——範例

最愛吃的食物

我最愛吃的食物有很多，但真正讓我口齒留香，足以回味期待一整年的，是高雄奶奶包的粽子。每年我吃到奶奶包的粽子，就感覺到奶奶對我們全家的愛，像雨水一樣滋潤了我們的心。

奶奶包的粽子是「南部粽」，做法是先用純白糯米泡過水，加上醃好的瘦肉、蛋黃、花生、魷魚等，用綠粽葉包裹，然後再用白棉線綁緊，將完成的一顆顆綠粽放入大鍋煮，大約兩個小時就大功告成。

小時候我住奶奶家，還幫忙洗米、洗粽葉，在忙碌的奶奶身旁走來走去，奶奶怕我被鍋子燙傷，總是不停地趕我。

　　當粽子煮熟後，奶奶就把鍋蓋掀開，「哇！好香的味道啊！」鍋裡飄出淡淡的粽葉清香，加上花生和糯米的甜香，讓我食指大動，今晚的晚餐就是粽子了！我慢慢地拉開白棉線，褪去包裹的粽葉，只見白細的粽肉襯著翠綠的葉，我毫不考慮地大口咬下去，那香甜的口感，混合著花生與瘦肉的嚼勁，不油不膩，真是人間美味！

　　現在我們全家人住在台北，爺爺奶奶仍然住在高雄，儘管如此，每年端午節我們還是能吃到奶奶寄來的粽子。粽子不因長途運送而改變它的口感，我吃著粽子，也總能感覺到奶奶的愛心和我小時調皮搗蛋的情景。奶奶的粽子就如包裹的白棉線，緊緊地將一家人的心繫在一起。

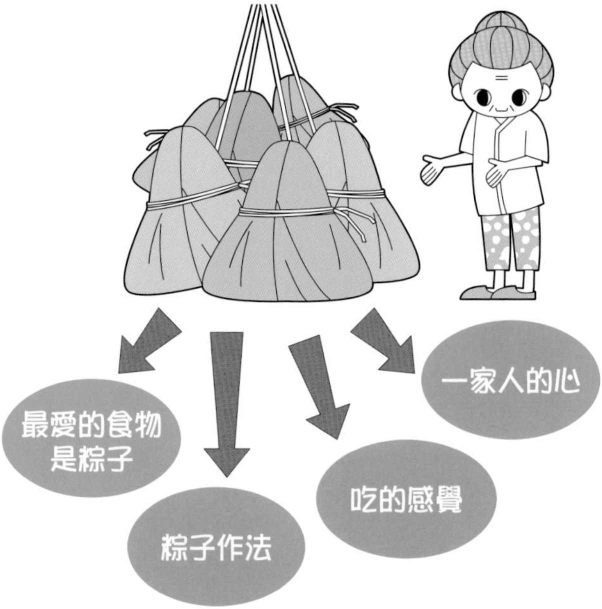

老師講評

這是一篇將食物的美味結合親情的文章，講述一種自己「最愛吃的食物」，從對食物的熱愛，勾引出對奶奶的思念，帶著濃濃的親情的味道。

文章一開始就說明，為什麼自己最愛吃的食物是「奶奶包的粽子」，將食物與奶奶的愛畫上等號，產生一種耐人尋味的期待。

第二段寫到自己小時候與奶奶同住，藉由幫忙包粽子的情景，點出祖孫情深的一面。又將包粽子的繁複做法鉅細靡遺地記錄下來，增添了文章豐富性。

第三段用兩種味道形容粽子煮熟以後的香味，有「淡淡的粽葉清香」和「花生和糯米的甜香」，十分誘人食欲。寫到吃粽子的感覺更是細膩又生動，讓人如歷其境，跟著垂涎不已。

最後，再一次強調奶奶的愛，不因為時空的距離有所改變，如同「粽子不因長途運送而改變它的口感」，是一個很漂亮的譬喻法。而結尾以包裹粽子的白棉線，比喻一家人緊繫在一起的心，讓人明白文中提到「白棉線」的用意，前後呼應的筆法，讓這篇文章成為難得的佳作。

觸覺描寫

◎——概說

寫作時，應該仔細觀察自己對於不同觸感，會產生怎樣的感覺，你要多用觸覺來認識世界，平常練習用雙手去東摸、西碰身旁的物品，用力或輕輕地觸碰它們，讓手掌心的每一吋肌膚，都能夠充分感覺。接著，進一步把內心的感覺，用觸覺描寫的技巧描述出來，才能引起讀者的共鳴。

◎——說明引導

人的觸覺來自皮膚，皮膚對外界的刺激會產生冷、熱、痛、癢等感受，這就是觸覺，在寫作上可以藉著觸覺的描寫，使文章變得生動。

本篇作文「下雨天」，讓你寫出下雨天的所見所感。本文要求用觸覺描寫，可先想想下雨天被雨淋溼，或者是後來天氣放晴時，你會有哪些觸覺感受？是寒、冷、溼，或是熱、暖、乾？

第一段可以寫雨天時的觸覺感受和心情。

第二段寫雨天的景色，重點式描寫就好，如街道上的人們或樹木、花草，因為雨的降臨而有什麼姿態？你看到的感受是如何？

第三段寫到雨終於停了，你的心情變成怎樣？身體感受到的觸覺是如何？將觸覺加以描寫。

這類題目的寫作方式可有許多變化，可以純粹寫景，或因為雨而帶出一段回憶，也可以藉著雨的來臨和放晴，寫出自己心境變化的過程，每一種方式都可以嘗試著去寫喔！

◎——範例

下雨天

又是下雨天！

我匆匆地走在回家的路上，上學忘了帶雨傘，所以我的頭髮、肩上和鞋子漸漸溼透，路上行人都和我一樣逐漸變成落湯雞。被雨淋溼的感覺，就像穿著衣服在池裡游泳，寒冷的、沉沉的。我獨自走在街上，感到十分寒冷孤單。

雖然我感到孤單，但路旁的行道樹和花草們，卻不這麼認為，他們都很開心地迎接雨的降臨。雨，以她輕盈的姿態在街上跳舞，就像小精靈的芭蕾舞秀，一邊唱著「滴滴答答」的歌，一邊跳到被踩過無數次的小草上。樹葉沙沙開心地齊聲鼓掌，因為當大雨過後，他們將被洗刷得乾乾淨淨。

不久，雨停了，微風徐徐吹來，我不禁打了個哆嗦，原本應是涼爽的風，竟變得如此刺骨。太陽從雲層裡探出頭來，不知何時，烏雲已悄悄散去，陽光照在我的身上，讓我很快地就感到一股暖意，這樣微溫的陽光令人忍不住想擁抱它。我刻意在太陽底下多晒了晒，感覺衣服漸漸乾了，而家也近了。

老師講評

這是一篇關於「下雨天」的文章。本文一開始用了「又是下雨天！」為第一段，不失為簡潔有力的開場。建議第一段開頭可以加上「唉！」加強語氣，以「唉！又是下雨天！」作為全篇文章的引導，讀者很自然地了解作者對下雨天的情緒反應，其實是孤單而非欣喜。

這篇文章將「下雨天」和「孤單」的感覺作成聯繫，透露出淡淡的愁緒。但是作者又以「路旁的行道樹和花草們」開心迎接下雨的生動描寫，作為一種雨天哀愁的反襯，更突顯內心的孤寂之感。最後再以雨停了，太陽照在身上的溫暖，連結到「家也近了」，情緒便轉為溫馨。

文章以一場突如其來的雨，帶出內心情緒的變化，第三段關於雨的描寫，使用擬人法，十分值得學習。

五感綜合描寫

◎——說明引導

本篇作文題目是「夏天」，要你以視覺、聽覺、嗅覺、味覺、觸覺等感官描寫，寫出在夏天看到、感到的景象。

撰寫有關季節的作文，必須掌握幾個要點：首先要清楚季節的特色是什麼？每個季節的天氣都不同，你的觀察是什麼？有哪些食物是這個季節常見的？不限於水果或熟食、冷飲。

日、月、風、雨、雪這些自然現象，都可以拿來作為季節的特色，並加以描繪，樹木、花草也可以襯托季節的變化。此外，人的活動也是描寫重點，這個季節的人們常從事什麼活動？是游泳、滑雪，還是賞花？

段落安排可分別以夏天的溫度、聲音、味道、食物、活動等各方面，來描寫夏天時人的各種感官感受，這些感受會帶出人的心情，不論是煩躁或喜歡，都屬於心理的感覺，也是感官感受的一種喔！

◎——範例

夏天

夏天的溫度，熱得讓人受不了，火紅的太陽讓車頂燙得可以煎蛋，人走在路上，也都快被晒成「人乾」。雖然如此，炎熱的夏天仍然有涼爽的地方，像是開著冷氣的家裡，讓我可以舒舒服服地睡個午覺。

夏天的夜晚，可以聽見蟬兒快樂地發出「唧——唧——」的叫聲，青蛙躲在草叢裡「嘓嘓」地唱著悅耳的歌，讓夏天的夜晚像場歡樂的音樂會。不過偶爾會聽到人們生氣的怒吼，以及車子的喇叭聲，因為炎熱的天氣會使人的心情變得很浮躁。

夏天的味道很不好聞，因為食物容易壞掉，發出難聞的氣味；捷運上的人們滿身大汗，也會散發出酸酸的汗臭味。夏天到海邊游泳，則會聞到陣陣的魚腥味和海水的鹹味，讓怕吃魚的我感到很害怕。

在夏天可以吃到許多美味的食物，我最愛吃冰冰涼涼的冰棒，喝著酸酸甜甜的檸檬汁，大口吃著翠綠的西瓜和黃澄澄的芒果，這些食物能夠消暑，讓我吃得津津有味，吃完還想再吃呢！

夏天是個輕鬆的季節，因為夏天的來臨代表暑假的來臨；夏天也是個玩耍的季節，可以趁著放假和家人到處旅行。夏天多采多姿、生氣蓬勃，也是我最喜歡的季節，希望夏天能永遠為我停留。

老師講評

夏天是一個熱鬧的季節。本文以夏天的「熱」為開場，用「火紅的太陽讓車頂燙得可以煎蛋」來形容高溫，帶點調皮的語氣，又說到可以開著冷氣睡午覺，點出夏天讓人又愛又恨的情緒。

第二段寫夏天的聲音，蟲蛙的叫聲像一場音樂會，還有浮躁的罵人聲和汽車喇叭聲也是夏天容易聽到的聲音，夏天的聲音真的熱鬧無比。

第三段則讓夏天裡會聞到的氣味通通出籠，食物壞掉、流汗的臭味、魚腥味和海水的鹹味，屬於夏天的特有味道，都不放過。

第四段寫的是夏天的美好，例如可以吃冰和水果，調和了前面對於夏天的抱怨。

最後將筆觸停留在對夏天的喜愛，因為夏天幾乎就是暑假的代稱，可以放假和玩耍，完整地表現了夏天豐富又熱鬧的一面。

貳 文體篇

UNIT

2-1

記敘文

貳 文體篇

UNIT 2-1 記敘文

一、記敘事件

記敘文是以記敘人、事、景、物為主的文體，敘述事件的開頭、發展、過程和結果，敘述人物的經歷、事件，或人物、物品的本身，是小朋友最常撰寫的文體。本單元介紹的是按照事件、人物、空間、物品撰寫的記敘文。

記敘文的寫作方法，常用的有順敘、倒敘和插敘。「順敘」是按照事情發生的先後順序，來進行敘述，像「上學途中」，就可以從早上起床，寫到抵達學校，寫出途中的所見所聞，但一定要抓住重要的事來寫。「倒敘」是把事件的結局，或事件中最精采的那一段，拿到文章最前面，以引起讀者的注意，再按照事件的發展順序，來進行敘述。「插敘」是在記敘某一事件時，依照情節的需要，可插入記敘其他相關事件。

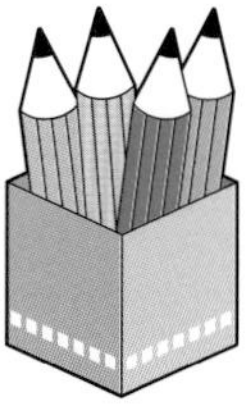

遊記

◎——概說

敘事性記敘文是以「事件」為主的，著重有條理地敘述事情發生的前因後果，及事情發展的經過，將人物描寫穿插於其中，人物只是事件的點綴，不能喧賓奪主。事件是記敘文的心臟，寫作文時，要先選好想敘述的事情，如題目是「郊遊」，就要寫出郊遊時發生的趣事或特別事件，但要挑重點寫，不然就變成單調的流水帳。

◎——說明引導

小朋友常去郊遊，這些遊玩的經歷都可以成為你的寫作材料。寫遊記時，基本的寫法是分成三個部分來寫，本文用順敘法按照時間發展敘述事情。

第一部分是去郊遊以前，要交代郊遊的原因，郊遊前的準備和你期待的心情，或是描寫一下沿途的風景。

第二部分，是描述郊遊的過程，形容一下目的地是什麼樣子？哪些地方最讓你印象深刻？你在那裡做些什麼活動？如拍照、野餐、玩遊戲等，或寫出與同伴發生的趣事，必須詳細描寫。

第三部分，就是郊遊後的心得感想。郊遊回來後，你心裡的感覺是什麼？你覺得這次的郊遊好玩嗎？有沒有什麼收穫？可以在此表達你對這次郊遊的留戀之情。

◎──範例

貓空郊遊去

今天下午，爸媽帶著我和妹妹去貓空玩。我十分期待，因為爸爸說，這次我們要坐全台灣最長的「貓空纜車」，我興奮得像小猴子跳來跳去。

不久，我們開車到達動物園站，準備搭乘纜車。我抬頭看到天上一個個像小白球的纜車從頭頂飛過，啊！這就是貓空纜車啊！我高興地趕快進入纜車坐下。纜車緩緩上升，往下看，首先映入眼簾的是捷運木柵線列車，和越來越小的車輛，當纜車穿過山頭，我們的車廂還差點碰到樹枝，害大家嚇了一跳。沒多久，我們便被蒼翠的群山包圍，山區雲霧繚繞，感覺簡直像到了仙境，棒極了！

終於，我們到達最後一站「貓空站」。貓空這個名字很特別，我以為和貓有關呢！爸爸說貓空的地形坑坑洞洞，叫作「壺穴」，當地人說是「皺孔」，聽起來跟「貓空」的台語音很像，這便是貓空地名的由來。爸媽帶我們到茶坊品茶，吃一些小點心，晚上又帶我們去吃晚餐、看夜景，城市閃閃發亮的燈光，就像寶石一樣地美麗。

時間過得飛快，我們就要踏上歸途，我心裡十分戀戀不捨，貓空的美景令人流連忘返，真希望能再來這裡遊玩！

結果	經過	原因
感想是什麼？	發生了哪些事？	為什麼要去？

老師講評

本文記敘一遊「貓空纜車」的經驗，一開始以「抬頭看到天上一個個像小白球的纜車從頭頂飛過」，形容第一次見到纜車的印象。先以由上往下看的景物為敘述重點，例如映入眼簾的捷運木柵線列車和「越來越小的車輛」，穿插驚險的一幕──「車廂還差點碰到樹枝」，增加搭纜車的趣味。以「被蒼翠的群山包圍」有如仙境形容坐纜車的感覺，讓讀者感受搭纜車的美妙。

第三段的部分，作者對「貓空」的由來作詳細的說明，給我們上了一課，是一種值得效法的寫作方法，提供讀者知識，也增加文章深度。

一般的遊記都容易流於流水帳，單調沒

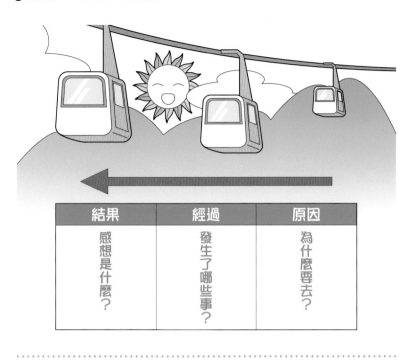

有重點，本文卻將「貓空」負盛名的纜車和夜景作為寫作重點，並點出「貓空」地名的由來，在平鋪直敘的文字中更見表達能力。

戶外教學

◎——說明引導

本篇作文「科博館戶外教學記」，是讓你敘述戶外教學的所見所聞。小朋友最喜歡戶外教學，因為不必關在教室上課，大家把教室搬到戶外，同樣可以學到許多知識，而且讓小朋友有放鬆與玩樂的感覺。

寫戶外教學的作文應該強調「教」與「學」，寫出老師介紹和講解了什麼？你又從中得到什麼收穫？請用順敘法按照時間發展敘述事情，可以將作文分成四段：

第一段寫當你知道要戶外教學後，你的心情與準備情況。

第二段寫出發時的狀況，描述天氣、同

學們的反應、車上及沿途熱鬧的情景等。

第三段寫到了目的地之後的事，文章重點應放在戶外教學的所見所聞，並選擇印象深刻、特別有趣的來寫，如果篇幅不夠可再分一段。

最後一段是感想，寫出關於戶外教學帶給你的影響和收穫。

◎範例

科博館戶外教學記

星期一放學前，自然科老師忽然宣布，星期六帶全班去科博館戶外教學，大家聽了都非常開心。直到前一天晚上，我的心情仍然十分興奮，背包、飲料、筆記本等物品，我早已準備好，半夜高興得睡不著覺。

第二天一早，我就提早半個小時到校門口集合了，發現有許多同學比我還要迫不及待，早就到校門口等待了呢！今天絕對沒有人遲到。上車後，同學們就紛紛拿出早餐或零食吃，一邊欣賞沿途的風景。今天是個晴空萬里的好天氣，我心想，能在平常上課的時間到戶外走走，真是一種難得的體驗。

一小時後，我們到達自然科學博物館。老師不想浪費時間，便帶著我們進「太空劇場」參觀。太空劇場的內部是半球型的，我們在裡面觀看動畫電影，影片內容是太空和星際的景象，畫面十分漂亮。看完了電影，老師便帶我們去展示區看天文氣象的模型，裡面介紹地球、大氣、太陽及行星、銀河系等天文知識。

我們又看了許多地方，其中讓我印象最深的是參觀「小小動物園」，那是一個可愛的迷你動物園，有多種爬蟲類、螢火蟲、甲蟲、蠶等小生物標本。我最喜歡的昆蟲是螢火蟲，經過老師的解說才知道，原來螢火蟲不分雄雌都會發光，而雌蟲的光比較弱，發光器的位置通常在腹部第六節或第七節，是一種「冷光」喔！我們在這裡還可以看到螢火蟲在白天和黑夜的發光展示。

終於到返家時間，我們都意猶未盡地上車，同學們在車上還是繼續討論今天看到的一切。我覺得這次的戶外教學，讓我學到課本沒有的知識，真希望老師能常常帶我們去戶外走走。

老師講評

「戶外教學」常常是同學們最開心的事之一。本文一開始就以「忽然宣布」的意外感和「睡不著覺」，強調要去戶外教學的興奮之情，第二段又以「提早半個小時到校門口集合」的迫不及待，和「絕對沒有人遲到」等情況，來加強興奮的情緒。一再形容，讓閱讀者也能感同身受，融入作者的情緒。

本文的重點在「自然科學博物館」的體驗和感受，作者透過老師帶同學參觀的方式，簡單地介紹「科博館」的特色。再說明自己印象最深的是「參觀『小小動物園』」，解開了自己最喜歡的螢火蟲發光的問題，又寫出老師講解的具體答案，增加本文內容的豐富性，將「科博館」不同於其他遊樂場所的特色表達出來。

本文在趣味中，有濃濃的知性成分，將知性與感性分配得宜，同學們下次寫遊記時，也可以學著寫寫看。

畢業旅行

◎——說明引導

本文讓你寫畢業旅行的經過。畢業旅行和遊記不同，行程較多，內容較豐富，因此你必須仔細選出適合的、印象最深的片段來寫。畢業旅行是國小的最後一次班級旅遊，因此也要強調你的離別之情。請用順敘法按照時間發展敘述事情。

第一段可寫畢業旅行快到了，你的心情如何？

第二段寫出發的經過，沿途的風景如何？目的地在哪裡？

第三段寫抵達目的地之後的事，你和同學玩了什麼遊戲？吃什麼好吃的食物？有沒有買東西？有沒有意外的事件發生？

第四段寫你的心得感想。

寫作挑一、兩件有趣的事情來寫，這些有趣的事可以點綴你的文章，讓文章變得生動。有的畢業旅行是在同一個地方玩好幾天，就可以將當天的行程寫出來；如果是每天都到不同的地方旅遊，便可以將每天到的不同地點，所發生的特別的事寫出來，好像帶領讀者和你一起旅遊，也是一種寫作方法。

◎——範例

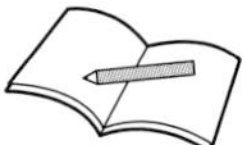

畢業旅行

今天是星期天的早晨，天氣晴朗，我匆忙地趕到學校，太陽溫柔地照在我身

上，連陌生的路人似乎也在對我微笑。今天是期待已久的畢業旅行，我興奮的心情已經持續了一整個月。

到學校集合後，上了車，車子行駛在高速公路上，我看著窗外，一列列整齊的樹木從眼前飛過，途中經過許多綠色山坡，真是美不勝收。耳邊只聽見同學嘻嘻哈哈的笑鬧聲，不久大家就玩起撲克牌，連老師都一起加入遊戲，和我們玩得不亦樂乎。

終於到了目的地「劍湖山世界」，這附近都是青山翠谷，空氣十分新鮮。我們開心地又蹦又跳，將行李放到飯店的房間，迅速地分組完畢，老師一說解散，大家就跑得不見蹤影。我和同學決定先去坐「衝鋒飛車」，那是可以３６０度迴轉的雲霄飛車，車子急速飛馳的時候，我大聲尖叫，忍不住想起電影「絕命終結站３」的情節，真擔心車子出軌失事呢！下車時，我的腿都軟了。

我們又玩了海神號、摩天輪、天女散花等設施，非常刺激！晚上回到房間，大夥兒在房間打打鬧鬧，玩摔角遊戲。玩著玩著，我被同學一推，就失去平衡往後撞，忽然一聲「碰」，發出巨大的聲響，原來牆上的鏡子被我撞破了。校長、主任都跑來看我們有沒有受傷，所有的人都被嚇得臉色蒼白，因為這真的很危險。我們便不敢再玩得太激烈，幸好沒被老師處罰，算是旅程中一件驚險的插曲。

終於到了該回家的時候，大家都顯得離情依依，這也許是全班最後一次出遊，我們想到相聚的日子不多了，都十分不捨。這次的畢業旅行，很令人回味，我會好好珍惜這段和同學相處的時間，珍惜這美好的回憶。

1 開始　出發前的心情。

2 發展　集合與車上，沿途情景。

3 過程　玩樂的內容與趣事。

4 結果　返家與心得。

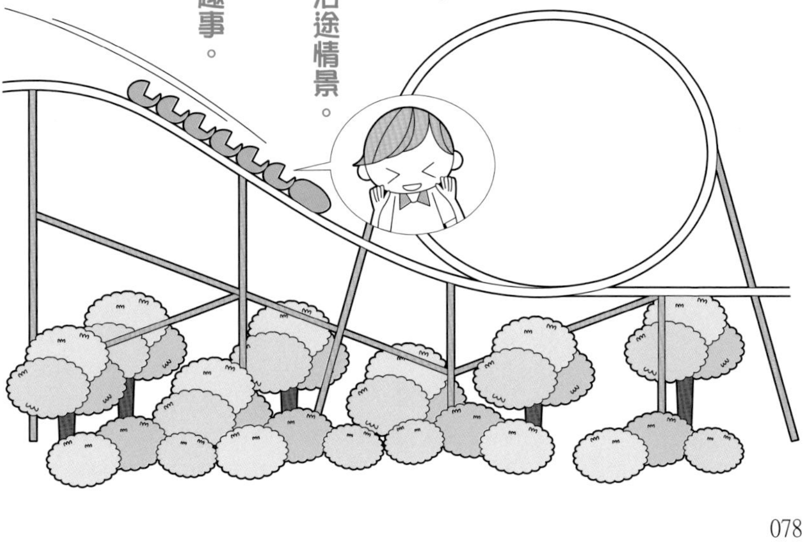

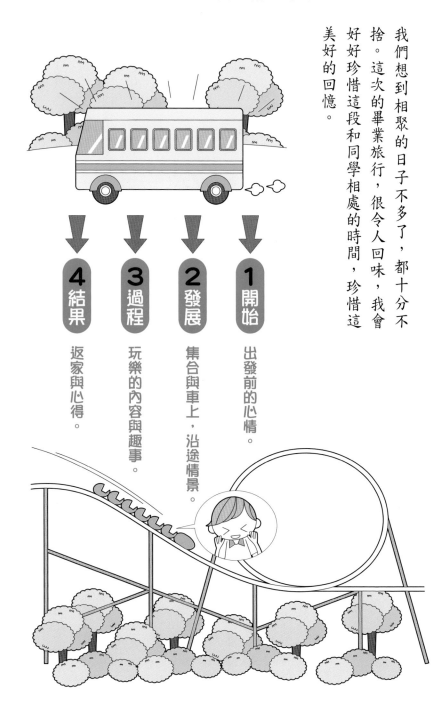

老師講評

本文一開始用「連陌生的路人似乎也在對我微笑」的想像，來表達興奮的情緒，更顯出對畢業旅行的期待。

第二、三段寫路程的風景和車上同學老師的同樂情況，熱鬧非凡，為畢業旅行的活動揭開了序幕。

到了目的地「劍湖山世界」後，重點轉為以遊樂園的設施為描寫對象，將坐「衝鋒飛車」360度迴轉的雲霄飛車的感受，聯想到電影「絕命終結站3」的情節，是精采的一筆。

第四段寫晚上回到房間繼續打鬧的遊戲，忽然撞破牆上鏡子的意外插曲，在平鋪直敘的文章中，製造了一個小小的高潮，也讓畢業旅行變得更難忘。

本文在結構的安排上十分完整，從出發前的期待、路程、抵達終點、遊樂和結束等，旅行的過程一一被述及，不見龐雜與瑣碎的流水帳，行文流利順暢。

記事件

◎——說明引導

本篇的題目是「最難忘的事」，所敘述的事情必須是「最難忘」的，你可以選擇一件事來寫，也可以同時寫兩、三件事，如果題目改成「最難忘的一件事」，就只能寫一件事。

人的一生，總會有些事情很難忘記，這些事多半是你的「第一次經歷」，它們或刺激、或新奇有趣、或痛苦心碎，因為你從未經歷過，所以難忘。然而在這麼多難忘的事當中，你應選擇較有趣味性的、有意義的事來寫，才能讀出樂趣，引起共鳴。

請用倒敘法敘述事情，第一段先將事件的結果寫出來，第二段再從事件的開始寫起。文章的重點在於「難忘」，很重視內心的感受，你可將經歷這件事情所引起的「情緒」、「心理活動」描寫出來，並將事情交代清楚，最後寫出這件事對你未來的影響。

◎——範例

最難忘的事

生命的每一刻都很特別，雖然我不一定全部記得，但最難忘的事必定捨不得忘記。我最難忘的事，是去年一個人前往英國遊學，那次的經驗讓我學會了堅強獨立。

去年底，爸媽塞給我一張機票，要我一個人長途飛行到英國，去寄宿家庭住一個月，順便學習語言。寄宿家庭的女主人十分親切友善，她的小孩也很有禮貌，但是我不敢開口和他們說話，只是低著頭。剛開始，我非常不適應在英國的日子，所見到、接觸的，全是陌生的事物，每當我看著落日，就忍不住想念台灣。印象裡，每晚都在睡裡哭泣，直到醒了，陪伴著我的是點點的星光與寧靜的夜。

隨著時光過去，我認識了幾位外國朋友，想家的念頭漸漸淡了，對英國卻多了幾分眷戀。記得那時正好遇上過年，我和外國朋友結伴到公園，大夥兒自備食物在公園野餐，到了晚上，倒數計時開始，大家手牽著手，為未來的一年許下心願。不久，我又一個人回到台灣，想念起在英國的一切。

那次的遊學經歷，令我難忘。在英國的日子裡有哭、有笑、有眷戀，然而我並不需要將它們記在日記本裡，因為這件難忘的事，早已深深地記憶在我的心中。

老師講評

本文寫的是赴英留學的回憶，是一件最難忘的事。

文中一開始就用**倒敘法**，先點出遊學的經驗「讓我學會了堅強獨立」，強調「一個人」在旅途中的特殊性，而且改變了自己的性格，這樣的開場可以引人入勝，製造文章的吸引力。

第二段寫剛到英國的不適應情況，以及思鄉的情緒，尤其「每晚都在睡裡哭泣」，字裡行間透露真誠的情感。

第三段寫與外國朋友熟悉以後的生活，還有在英國與友人過年的特殊經驗，為文章增添了不少異國風情。後來寫到回到台灣，也開始思念英國，則與前文有異曲同工之妙。

最後一段以懷念英國的生活作結尾，以「記憶在我的心中」取代「記在日記本裡」，更加強了「最難忘」一詞的特殊意義。

二、記敘人物

記人記敘文是以「人」為中心，雖然也有敘事，但必須通過介紹人物發生的事情，來突出人物的個性，並以人物活動為中心去安排寫作材料。當我們把一個人物當成主要記敘的對象，就必須通過對人物的外貌、言行、心理活動和生活片段的描寫，來刻劃人物的形象。

在表現人物上，我們最好選擇自己熟悉的對象，因為熟悉，才能深刻地描繪人物的特色，讓人物真實活靈地呈現在我們的文章中，文章才不至於空洞、貧乏。人物形象充實、豐滿，具有立體感，是記敘人物的文章最基本的要求。若能有效掌握人物的書寫，那麼對於記敘類的文體，就可以更上一層樓了。

自我介紹

◎──概說

自我介紹，是自己對自己的描述，內容可以從外表、個性、嗜好、未來的夢想、理想來寫，也可以加入別人對你的看法。把這些與你有關的事情放入自我介紹中，就可以把「你這個人」拼湊出完整的樣子。

◎──說明引導

本篇題目「我就是這樣的人」，就是要你介紹自己。首先，你可以描述自己的外表，是高、矮、胖，還是瘦？描寫上多用一些形容詞，並選擇外表最具特徵的地方來寫，才能突顯你的獨特性，讓讀這篇自傳的人看到這些描述，就知道是在形容你。

其次，可以描述自己的個性。你可先寫一段敘述，再加一個例子，或用說故事的方式寫，也可用較幽默的口吻撰寫。寫個性最好能配合明確的例子，利用你和人的互動來突顯個性。

接著，可以寫出別人眼中的你是什麼樣子。對小朋友來說，生活最大的重心就是在學校，你每天和同學生活在一起，想一想，同學們眼中的你，究竟是什麼樣子呢？你有什麼長處或短處？都可以在這裡交代清楚。

最後，你覺得自己是個什麼樣的人，可以在結尾作個總結。

◎——範例

我就是這樣的人

我擁有一頭長髮和細長的眼睛，我的眼睛看得出人們的喜、怒、哀、樂，了解他們生活的點點滴滴。我有一隻靈敏的鼻子，總是聞得出爸爸、媽媽在哪裡吃過飯；還有一雙靈巧的手，能畫出美麗的圖畫。

我的個性很奇怪，可以很活潑，也可以很文靜。有一次，媽媽帶我去百貨公司買東西，剛開始我興奮地到處亂走，害媽媽追著我跑，但一會兒我又安安靜靜地跟在媽媽身後，讓媽媽覺得很疑惑。

在同學眼中，我是個運動神經很好的人，而且是班上最常去操場活動、打球的女生。不只運動好，我的繪畫能力也不錯，未來的夢想是當一位畫家。我也喜愛看書，不論是故事書、雜誌、報紙，只要有文字的讀物我都愛！每當我專注在書中的世界，旁邊的人再怎麼吵，我都像沒聽見似的。

我喜歡我的長相，也喜歡我的個性，不論是活潑還是文靜，都是真實的我，媽媽說，只要「接納自己」、「喜歡自己」，就是一個人見人愛的小孩。

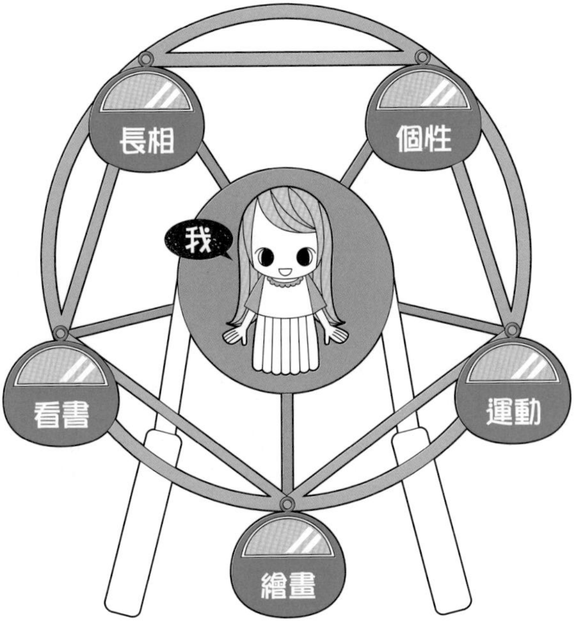

老師講評

本文的主角是「我」，也是本文記敘的重點。一開始就開門見山地寫出自己的特色，而不是以白描方式陳述自己的外觀，這種重點式的描寫，有時更能彰顯特色。

第二段寫自己矛盾的個性，並以「事件」來說明，運用事件或舉例子，可以讓平凡無奇的文章，產生讓人眼睛一亮的效果。以本文而言，更容易讓閱讀者明白「我」有一個「奇怪的個性」。

第三段寫同學眼中的自己，是個運動神經很好的人，也寫自己眼中的自己，喜歡畫畫，也愛看書，讓兩種對作者的看法同時出現在文章中。題目雖然是「我就是這樣的人」，焦點卻不只是放在自己身上，還有其他人對自己的看法。

最後，以媽媽的話「『接納自己』、『喜歡自己』，就是一個人見人愛的小孩」作結尾，讓本文充滿樂觀、開朗的氛圍。

描寫表情

◎——概說

人臉上的表情，最能顯露他們的內心，而不同的表情，代表著不同的心情。如果小朋友寫作文，能仔細觀察別人的表情，細膩地描寫出來，你筆下的人物就會栩栩如生，讓讀者彷彿也看到人物的內心世界。描寫人物時下筆要細膩，多運用譬喻等修辭法形容表情，如「她的笑容如春花綻放」，寫出你生活中所見的，一張張真實的面孔。

◎——說明引導

描寫人物有很多種方式，本文以「午休時間」偷偷觀察同學的表情為出發，呈現了特殊的想像力。

你可曾趁午休時候觀察同學睡覺的樣子？本篇題目「午休時間」，是要以「午休」作為寫作的中心點，在這樣一個特殊的時間裡，會帶給每個人各種不同的感受。

小朋友多是好動的，午休時常常有人睡不著，趴在桌上動來動去，偷看同學和老師，有的人雖然睡著了，卻做出許多有趣的睡相，現在就把你對同學的觀察寫下來吧！

◎——範例

午休時間

每天中午吃完營養午餐，鈴聲一響，就開始我們的午睡時間。大家一起趴在桌

子上，閉上眼睛，讓身體好好地休息。可是，我不喜歡睡午覺，常趁大家都睡著的時候，偷偷張開眼睛，看到很多有趣的事。

王大明睡覺的時候會張開嘴巴，像一個大大的山洞，等著火車通過。李易修的眼睛緊緊地閉著，鼻孔張得大大的，可以吸進很多空氣。小香的手會遮住半個臉，好像阿拉丁故事中的女孩子。班長有很大的呼吸聲，口水從嘴角流出來，像午飯沒吃飽的小孩。立華的耳朵會不由自主地動一下、動一下，使我以為他也沒睡午覺。也有人睡到一半會微笑，似乎作了很香甜的夢。

有幾次，老師進教室來巡視，我的眼光和老師相對，老師皺起眉頭、嘟起嘴巴，對我搖搖頭。我趕快閉上眼睛，假裝睡覺，想不到很快地自己就睡著了。

睡過午覺，下午上課就有好精神，不會懶洋洋地打瞌睡。但是，有時候我還是喜歡偷偷張開眼睛，在每個人都安穩睡著的時候，觀察他們的表情，真是一件有趣的事！

老師講評

本文按時間順序寫成四段。文章一開始，作者就點明自己不喜歡睡午覺，常趁這個時間觀察大家的表情。

第二段，同學各種有趣的表情，都在作者筆下一一現形，並使用譬喻法如嘴巴「像一個大大的山洞」，加上細膩的描寫如「口水從嘴角流出來」、「耳朵會不由自主地動一下」，呈現作者豐富又調皮的想像力。

第三段寫緊張的時刻，遇上老師的目光，作者只好乖乖睡覺，老師不太高興的表情也描寫得很生動。

最後一段，寫睡過午覺後精神飽滿，但還是不忘強調自己的調皮，不喜歡睡午覺，讓人感受小朋友的活潑淘氣。

描寫服裝

◎——概說

衣服是一種語言，寫人物可以針對人物的穿著加以描寫，因為人的服裝品味和他的習慣、身分、內涵有密切關係，可以代表人物，所以描寫人物應該記得把穿著寫出來。對於服裝的質感是輕柔、粗糙還是笨重，也可以利用觸覺描寫加以形容。

◎——說明引導

服裝的表現在一篇文章中，常常有舉足輕重的地位。有時，我們也可以嘗試描寫人物的服裝，訓練自己的寫作技巧。

本篇「阿姨的婚禮」寫作重點是在婚禮當天的準備事宜，而不是「婚禮」的進行。藉由參加婚禮描寫人物的服裝，而服裝也反映人物的心情。

婚禮是重要的場合，每個人都會精心打扮來參加婚宴，你可以在寫到人物時，順便將他的穿著寫出來，以加強讀者對人物的印象。

◎範例

阿姨的婚禮

阿姨終於找到共度一生的對象，在婚禮的那天，我們都穿上了最漂亮的衣服，為阿姨獻上最誠摯的祝福。

外婆為了阿姨的婚禮，特別訂做了一件紅色的旗袍，金光閃閃的花紋，十分喜氣。外公穿一套藍灰色的西裝，打了一條紫色的領帶，他說，這套西裝只有最重要的場合才拿出來穿，其他時間都好好地收在衣櫃裡。媽媽穿了一件粉紅色的連身洋裝，上面還有許多米白色的小珠花，讓她看起來美麗又端莊。我穿上一套黑色的小西裝，白襯衫還打上紅色的蝴蝶結，腳上套著沈重的黑皮鞋，雖然不習慣這一身衣服，因為是阿姨的婚禮，我也覺得沒關係，很高興地去外婆家。

「新娘子出來囉！」一聽到這句話，大家都紛紛圍到阿姨的房門口，等著跟她說祝福的話。看到阿姨的時候，我實在太驚訝了，一點都不像平常的阿姨，今天的阿姨應該是全世界最漂亮的人，她穿著一件露肩的白紗禮服拖到地板上，頭髮梳得高高的，上面還有白色和黃色的鮮花，白紗垂在肩膀，簡直就是童話故事裡的公主。

新郎來迎娶了，外婆和阿姨都哭了，外公強忍著眼淚握著外婆的手，媽媽和其他阿姨眼睛也溼溼的。爸爸卻流了一身汗，脫下外套和領帶，只穿襯衫，因為從一早他就背著照相機，忙進忙出地拍下準備婚禮的每一個細節。爸爸說，這是送給阿姨最特別的結婚禮物。

老師講評

本文分成四段，第一段點出婚禮上「最漂亮的衣服」等於「最誠摯的祝福」，後面各段就以服裝為重點，代替人物的心情，是全篇主旨。

第二段寫外婆、外公嫁女兒穿的服裝，「藍灰色的西裝」表現老人家的穩重。媽媽「粉紅色的連身洋裝」端莊又美麗，作者雖然穿了不習慣的衣服，卻願意為阿姨的婚禮而忍受。

第三段，寫新娘穿白紗禮服，簡直是「童話故事裡的公主」，暗示幸福的氣氛。

最後寫爸爸不整齊的衣著，原來是忙著拍照，為了送給阿姨最特別的禮物。

本文以「衣服」串起對阿姨的愛，非常動人，建議可加入新娘的表情，並對結婚禮服多加描述，因為新娘是婚禮最重要的主角。

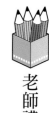

描寫動作

◎——概說

小朋友寫作時，常忘記把人物的動作、行動描寫出來，使得文章「一點也不生動」，因為大家總是忽略觀察「動作」。寫文章雖然是靜態的表達，但當你描寫人物時，將這些動作用文字寫在作文中，就能使文字像「有了生命」，「活」起來了。

人內心的想法，常會從他的動作表現出來，動作能夠表現許多有趣的意義，寫作文的時候，千萬別忽略動作描寫。要描寫動作必須先仔細觀察，從動作中推想人物的心境，要給予靜態的物「動作」的描寫，運用擬人法來描寫非人類的動植物，使無情之物也能變得有情。

◎——說明引導

「我的媽媽」是一個很常見的作文題目，幾乎可以從小學寫到大學。面對這樣具有普遍性的題目，如何寫得讓人眼睛一亮，而不是過目即忘，就要下一些功夫。

每個人都有媽媽，每個人的媽媽也都不同，所以找出媽媽的特色，並將特色加以發揮，成為文章敘述的重點，會是一個不錯的切入方式。例如，如果媽媽是護士，可以從媽媽從事護士工作的角度去寫。或是寫媽媽的某一種嗜好、個性、成長經驗等，比流水帳式的介紹有重心，跳脫以往千篇一律的寫法，讓「我的媽媽」這個老題目，也能產生新創意。

本文第一段先介紹媽媽的外表，有點胖胖的。

第二、三段寫媽媽運動減肥的過程，還有爸爸的鼓勵。

最後一段寫家人對媽媽親密的感情，充滿溫馨的味道。

◎——範例

我的媽媽

我的媽媽有一張圓圓的臉，眼睛很大，嘴巴小小的，說話的聲音很細，頭髮捲捲的，是一個美麗的媽媽。她很喜歡吃美食，例如蚵仔麵線、臭豆腐、九份芋圓，還有義大利麵，所以媽媽的身材有點胖，爸爸說，像一隻可愛的小肥貓。

但是媽媽不喜歡人家說她胖，常常想盡辦法減肥，只要聽到有關減肥的方法，她一定會試試看。不論是吃的或用的，她都嘗試過，最後還是覺得運動最有效。所以每天吃過晚飯後，就是媽媽的運動時間。她會邊看電視邊舉啞鈴，嘴巴輕輕地動，把雙手平擺，握著啞鈴，手臂緊貼身體，然後一上一下地運動，一二三四，二二三四，等到喘氣的時候，再換下一個動作。

媽媽會躺在地板上，叫爸爸幫她壓住腳，她要做仰臥起坐。媽媽把雙手放在頭下，把身體往前折，做到第十下以後，她開始皺眉頭，眼睛一眨一眨的，鼻子用力吸氣，嘴巴也會吐出很大的一口氣，爸爸會在一旁喊：「加油，二十二下了！」等到做完三十個仰臥起坐，媽媽也流了一身汗。

運動之後的媽媽只喝水不吃東西，我和爸爸，還有姐姐、弟弟就會把水果吃光光。其實我覺得媽媽一點也不胖，有一點肉，靠在她身上很舒服，爸爸也總是說，無論媽媽多胖，都是最美麗的太太。媽媽每次聽了都很高興，買很多好吃的東西給我們吃。

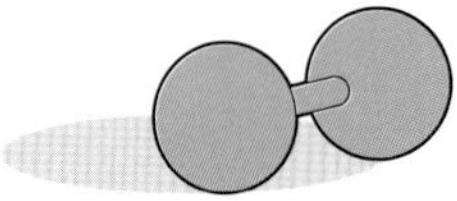

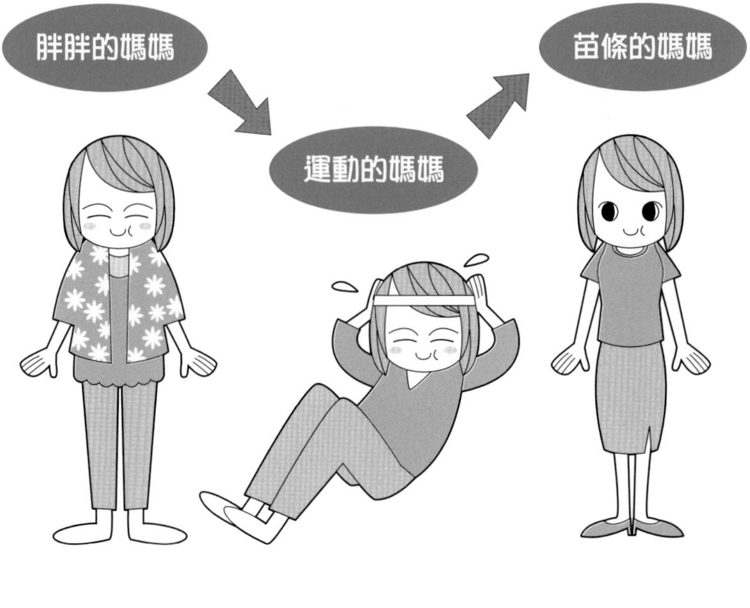

老師講評

本文分成四段。第一段介紹媽媽的外表，講媽媽的身材有點胖，但不單純講外表，還加入媽媽愛吃美食及爸爸的評語，避免了單調的敘述方式。

第二段承上文，將媽媽和胖的問題詳細描述。因為胖，所以媽媽養成運動的習慣，把媽媽運動的樣子、動作等，描寫得很細膩，讓人容易想像畫面出來。

第三段繼續第二段，寫爸爸加入媽媽的運動，幫媽媽做仰臥起坐，不但詳細寫出動作，也將媽媽「皺眉頭」、「眨眼睛」、揮汗如雨的樣子，形容得十分生動。

最後一段寫自己和爸爸對媽媽身材的看法，表示不論媽媽身材如何，都是最美麗的，流露出對媽媽的愛。本文寫法特殊、有新意，可供小朋友參考學習。

描寫心理

◎——概說

人都是有思想、有情感的，作文也可以對人物的內心世界進行描寫。描寫心理時，要寫出人物細微的情感起伏，和複雜的心理活動過程，因為人的想法會隨時改變。如原本很高興要出門郊遊，看到天色陰暗，心裡就有不祥的預感，擔心會下雨，但是想想都已經和朋友約好了，食物也準備好，於是心裡又轉為開心，最後決定按原計畫出門，這就是人物的**心理變化**。將人物的心理描寫出來，才能使讀者更了解人物。

◎——說明引導

題目「假期的早晨」是寫一個圍繞在放假日早晨的難得時光。通常，放假日的早晨大家都習慣晚起，輕鬆地度過放假的時間，但有時也可以相反的珍惜假日的早晨，好好利用來做一些事。

本文寫出一個早上發生的事，可從起床時寫起，起床的心情如何？晨間風景如何？你計畫如何度過這個早上？

中間的段落可寫出你主要從事的活動，你利用這段時間做什麼事？是打電腦、讀故事書、玩樂，還是看電視？請寫出重點，並加上你做這些事情時的心情，和與家人的互動。

最後一段寫時間到了中午，早晨結束，

你的心得感想如何？

◎——範例

假期的早晨

又是一個美麗的放假日，今天的天空很藍，白雲也很乾淨，像一團棉花自由自在飄在半空中，就像我的心情。我從來不在放假的早上賴床，為了不想浪費假日，還會比平常更早起，那時候全家都還在睡覺，只有我一個人已經起床，沒有平常上學時的匆忙，我要好好享受安靜的早晨。

吃過早餐後，我就回到自己的房間畫畫，我很喜歡畫畫，用顏色表達心情，抽屜裡面厚厚的畫圖本只剩下不到十頁，都是我利用放假日早晨的傑作。畫完畫以後，我就看開始看漫畫書，跟著書中人物的心情產生變化，他們高興的時候，我也很高興；他們難過的時候，我也會流淚。

這時候，爸媽也差不多醒了，媽媽準備去買菜，爸爸就在家陪我和弟弟。他們通常都會來我的房間找我聊天，爸爸會問我功課寫完了沒？書讀了沒？晚一點要去爺爺奶奶家。弟弟會到處翻我的東西，讓我的心情變得不好。一直等到他們都離開我的房間，我才能再繼續看漫畫。

中午了，媽媽叫我吃午飯，我愉快的心情也隨假日的早晨結束了。美好的事情總是特別短暫，我決定下一個假日要更早起，去做更多我想做的事，不辜負每一個安靜的時光。

老師講評

本文分成四段，第一段寫假日早晨的心情，不賴床的原因，因為想要獨享難得的安靜的早晨，用白雲來形容心情的自在。

第二段利用早晨做喜歡的事，這些事都是自我心情的呈現或寫照，藉著讀書，寫心情在閱讀時產生的變化。

第三段寫家人陸續醒來，早晨的寧靜遭到破壞，心情受到干擾，變得不愉快。

第四段提到吃午飯，表示早晨結束了，並期待下一次假日的早晨。

本文用「假日的早晨」呈現心理描寫，將對早晨清靜時光的熱愛，與自我獨處的心理變化，寫得恰到好處，可以為參考和學習。

三、描寫空間

對於空間的描寫，初步可以分成「攝影式描寫」、「封閉空間」、「開放空間」和「空間改變」等四種方式。我們都生活在某些空間，也許是城市，也許是鄉村，也許是樹林，不同的空間會引發我們不同的心思與感受，某些特定空間甚至會觸碰到我們內心最幽微的情感。

掌握「空間」的寫法，是記敘類文體重要的寫作技巧，不但要細緻地描寫景物，還要按照空間的順序來寫，或從一個景物到另一個景物進行描寫，不要全部相同，缺少變化。方法是多用心觀察，可以幫助我們認識所處的環境，相信你在描寫空間的技巧上，會有很大的進步。

攝影式描寫

◎——概說

「攝影式描寫」就是以自己為定點（圓心），將視線投射於上下左右四周景物的描寫方法，也就是從我們所在的位置，向遠處眺望，把能觀看到的視野範圍內的景物統統記錄下來的書寫方式。

這種方式有如攝影機將四周景物一網打盡，例如你站在山頂，向四周眺望，看到雲海，向天上則看見太陽，向腳下看見雲海，和被雲海包圍的一小塊山頂，此時空間會隨著我們的目光而變動，範圍廣大，可以一覽無遺，就像攝影機一般，十分忠實詳盡地記錄所在空間的情形。

◎——說明引導

本篇題目「賞花記」是一篇記敘體裁的文章，描述春天賞花的情景。寫作時讓視線從自己出發，往外擴大來觀察周圍景物。

第一段先說明賞花的原因和出發的經過。

第二段描述路途中所見，可寫出路上看到的交通狀況、路旁的風景和路樹，加上自己內心的感覺。

第三段寫到達目的地後，看到賞花的人是多還是少？可針對那裡的環境作描述。

最後一段描寫看到的花，美麗的花朵帶給你什麼感覺？寫出這次賞花的感想。

◎——範例

賞花記

春天的時候，爸爸帶我們去山上賞花，他說，春天的花，是四個季節裡最美的。我和媽媽一早就起來了，準備了午餐的點心，就坐上爸爸的車朝目的地出發。

一路上，交通的狀況都很順暢，因為我們大清早就出發了，大部分的人都還在睡覺沒有出門。可是接近陽明山的時候，路上開始塞車，我從右邊的車窗望出去，一輛輛準備上山的車子排得很緊密，把爸爸的車子擋住了，讓我們進退不得。再看一看左邊的窗戶，反方向只有幾輛稀疏的車子剛從山上下來。我想，那些人如果不是住在山上，便是更早就上山了，才能避

開塞車，讓動彈不得的我真羨慕。

好不容易到了陽明山上，放眼望去都是人，我站在公園最高的階梯上往下看，下面的人像成千上萬的螞蟻雄兵到處找食物，密密麻麻地爬來爬去。爸、媽緊緊牽著我的手，怕我一不小心走丟了，我就在擁擠的人群中，跟著爸媽的腳步往前走。

最後，我們到了海芋田，一望無際綠白色的花海把我包圍住，我好像童話中的仙女，四周都是高高長長的海芋，散發淡淡的清香。雖然泥巴弄髒了衣服，我們還是採了很多的漂亮的海芋回家，這真是一個難忘的春天。

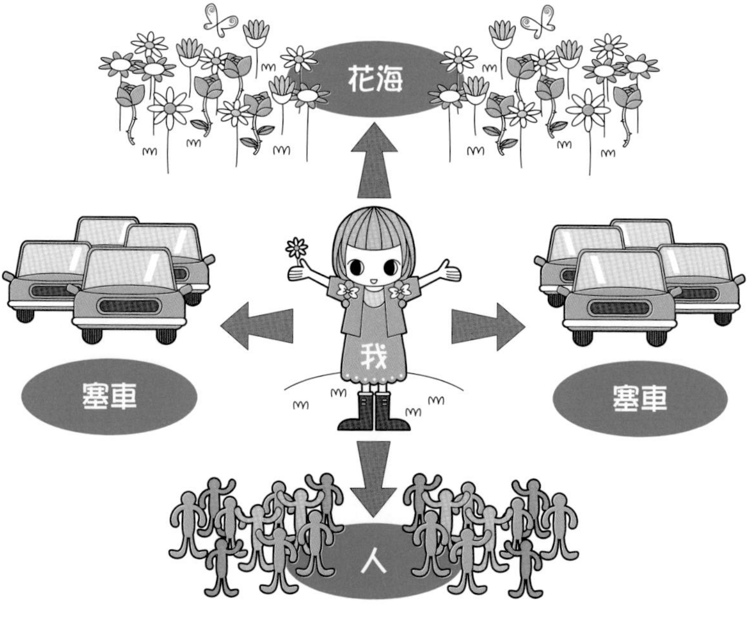

老師講評

本文分四段。第一段寫春天賞花的原因是爸爸提議。

第二段寫路上塞車，從窗外看出去的擁擠的視景，對交通狀況有細膩的觀察，寫出塞車的焦慮。

第三段運用譬喻法和誇飾法，寫山上賞花見到密密麻麻的人群，像到處找食物的螞蟻，比喻生動。

最後到達目的地，在一片美麗的花海中，想像自己是童話中的仙女，有了一個難忘的春天。

本文的敘述明白細膩，運用這樣的觀察方式，表現春天賞花的樂趣與情景，可將所見事物全面觀照。建議可在文章開頭寫期待賞花的心情，第三段對遊客的活動可多作描述，寫出遊人賞花的模樣，是靜靜地欣賞還是喧嘩吵鬧，將使文章更豐富喔！

封閉空間描寫

◎——概說

這是在室內空間按照擺設的位置順序觀看景物的觀察法。

「封閉空間」一般而言是指室內空間，如家裡、教室、體育館等。相較於「開放空間」，室內空間比較容易掌握，少有變動。封閉空間無法產生遠眺的視野感，所以靜物成為空間的主體，如室內的家具擺設等，對靜物的描寫成為寫作重點，銜接物與物的就是我們移動的視線。於是，透過視線的觀察連接起每件物品的書寫方式，可以成為一種「封閉空間」的寫作技巧。

◎——說明引導

本篇作文題目「舅舅的新家」，重點在強調「新」字。「新家」是因為剛剛才搬過家，剛搬完家，自然有一番新氣象和新鮮感，本文就圍繞在這一主題上發揮。

第一段是開頭，寫去舅舅家參觀的原因。

第二、三段寫出對舅舅家的觀察，主要是屋內擺設、家具的位置等，觀察方式是從大門出發，沿著屋內四周觀察一圈，運用對物品的描寫法，將所見物品的外觀描寫和形容。

最後一段則寫出參觀房子後的感想。此寫法可用來介紹自己的家、別人的家或是商店、餐廳內的陳設。

◎——範例

舅舅的新家

舅舅剛搬完家，就邀請我們去他的新家玩。一進門，我就看到玄關有一座紫水晶燈，閃著星星般的光芒，彷彿引導我們進入舅舅的家。

在紫水晶燈的左邊有一個長形櫃，我和姐姐脫下的外套，和爸媽的包包就放在櫃子裡。長形櫃接著電視櫃，四十二吋的大電視就掛在電視櫃上。電視櫃斜前方是往廚房的通道，媽媽一進門就被阿姨拉去參觀廚房，嘰嘰喳喳說不停。廚房的前面是飯廳，抬頭一看，飯廳掛著一座好大的復古式吊燈，如果發生地震，不知道會不會掉下來？飯廳還有一張米白色的大理石餐桌，很像電影裡面才有的桌子，晚上我們就要在這張桌子上吃飯。

飯廳旁邊的走道有三個房間和一個廁所，分別是舅媽、表姐和表弟的房間。我問舅舅為什麼沒有房間，舅舅笑著說自己住廁所，每個人聽見都笑了。參觀完一圈後，我和姐姐回到客廳坐在沙發上，聽到一陣鈴聲，原來是茶几上的電話響了，舅舅接過電話說阿姨他們也快到了。大人們在討論晚上要吃什麼，我拿起電視遙控器選了喜歡看的卡通，沙發右邊陽台的太陽很刺眼，我起來拉上窗簾，客廳突然變暗了。姨丈打開所有的電燈，白的、黃的，和裝飾燈，客廳不僅恢復之前的光亮，還變得更美麗。

我覺得舅舅的新家，真是一個漂亮又溫暖的家！

老師講評

第一段點明一進入舅舅的新家，視線就被玄關處的水晶燈所吸引。

第二段就順著此視線觀察下去，參觀舅舅家的裝潢與房子的細節，並寫出家人、親友間輕鬆的玩笑話，點出聚會的歡樂氣氛。使用**色彩形容詞**來形容所見事物，如「米白色」、「白的、黃的」，並對屋內擺設和位置作詳細介紹，寫出畫面，使文章生色不少。

第三段再回到房子，因為客廳變暗，打開了燈，房子變成溫暖又美麗，提出心裡的感受。

最後一段感想加強自己的情緒，如：「舅舅的新家真是一個漂亮又溫暖的家！」也可以表示自己日後想要常來玩。

本文撰寫方式使讀者跟著作者的視線，參觀一遍舅舅的家，是一種室內空間的描寫法，可以訓練我們的觀察力，不妨試試看。

開放空間描寫

◎——概說

這是一種讓你的視線不斷改變的觀察法。

「開放空間」指的是「戶外的公共場所」，像是車站、廣場等人潮多的地方，它的變化很大，難以掌握，卻也最豐富。一般我們所描寫的，也是這種豐富的變化，車來車往、人潮絡繹不絕，總是能帶來熱鬧豐富的氣氛。但開放空間常常是混亂、雜亂的，面對這樣的空間，書寫的主題必須很明確，否則文章容易沒有重點。能夠有效掌握空間的變化，並將空間變化的感受化為文字，就可以寫成好文章。

◎——說明引導

一般同學對於室外空間的描寫，通常比較不容易掌握，本文以「車站」為一個據點做練習。

題目「車站」雖是一個開放空間，卻不是無邊無際的曠野。「車站」還是有範圍的，也就是公車停靠讓行人上車的地方，是公共場所，是一個「交通」要道，在這裡有人與外界的交流，還有人與人之間的互動。寫作時要注意當你在車站等人，你的視線就會隨著旁人的來往移動而移動，是**動態的觀察法**。

第一段先概括寫車站的環境和等車所見的情況。

第二、三段可形容其他人等車的神態、說話聲和表情，從中找出有趣的事情來寫。

最後一段再將等車的經過作個結束。

◎——範例

車站

每天，我都在車站等媽媽來接我回家。車站的後面是走廊，我就站在走廊上，看著人來人往。有的人在等公車，有的人在等人，有的人只是剛好經過，有的人送別人來等車。

等公車的人看到公車來了，就緊盯著公車，等到公車停下來，他們就趕快上車。等人的人隨時都在注意那個人來了沒，眼睛飄來飄去，沒有一刻安定。如果超過時間沒有人來，他們就會拿起手機打電話：「喂！你現在在哪裡？」

剛好路過車站的人最多，他們有時候認真地走路，有時東張西望，總是匆匆忙忙地從我眼前穿過，我不知道他們要去哪裡，他們是車站的過客。有一個男生送女生來等車，女生依依不捨地回頭看，上了車，車子早就開走，男生還站在車站看著沒有離開。

我也在車站等人，看著一批一批下課的人都回家了，我等的人還沒來。然後，我接到媽媽的電話，叫我再等一下，她馬上就到。於是，我就繼續在車站看著來來往往移動的人們，等我的媽媽。

老師講評

本文第一段就先點出「車站」對每個人的功用，因為等車的目的不同，「車站」對每個人的功能也有不同。

第二段作者以視線的移動，寫出在車站其他人的行為，有人上車，有人打電話，並寫出他們臉上的表情。

第三段寫車站形形色色的生活樣態，點出城市人生活的匆忙。

最後以自己等的媽媽還沒來，必須在車站繼續等待作結尾，寫出車站「等待」的性質。

文章對等車人的觀察很仔細，建議可在第二、三段加上一件奇特或有趣的事，就會使人印象更深刻。

空間改變描寫

◎——概說

「空間改變」是一種比較特殊的觀察法，有時候我們所處的空間是變動的，例如從地下道走到地面，或搭火車經過黑暗的山洞，再到廣闊的田野間。因為這樣的變動，景物與心情也會跟著產生變化。

當我們周圍的空間改變時，可以觀察它變化的原因與變化的過程，空間的改變會影響心情的變化，如火車從山洞駛向明亮的曠野，視野變得開闊起來，你的心境也會跟著開闊。**書寫空間，其實就是書寫心情。**

◎——說明引導

本篇題目「城市遊龍」指的是捷運。捷運系統貫穿城市，成為市民生活的主要交通工具，「淡水線」因為高架路段與地下路段兩種設計，造成了捷運族在乘坐時兩種不同的心情變換，本文即以此為寫作主題，讓你寫出在地面上和地下隧道所見的景物。

第一段先將題目作出說明，指出遊龍就是捷運，以及捷運為人們帶來的便利有哪些。

第二段寫乘坐捷運時。想想當捷運車子從地下隧道到地面上，你看到的景物是不是有不同？窗外光線的明暗是怎麼改變的？你的心情如何呢？

第三段寫在捷運上對窗外景物的細微觀察，可運用修辭法來形容。

最後，再透過空間的改變，帶出你到達目的地時的興奮之情。

◎——範例

城市遊龍

我們的城市裡住著一條龍，它帶著我們飛天入地，去到所有想去的地方，它的名字叫「捷運」。我很喜歡搭捷運，它不像公車會塞在路上，也不需要忍受公車司機的菸味。捷運很乾淨，速度又非常快，乘坐起來很舒服，我常常在捷運上睡著。

一坐上捷運，所有的距離都變短了，去哪裡都很近、很方便。每次和爸爸媽媽一起坐捷運去淡水玩，都是我最開心的時

候。只要一過「民權西路」站，這條龍就好像從黑暗的地底下一躍而上到天空，我的眼睛也跟著一亮，重見光明。

「圓山」站附近種滿欒樹，秋天的時候從車上看黃色的花樹，真是美不勝收。經過士林以後，高架的捷運沿線左右兩旁都是風景，蔚藍的天空，綠色的山丘，這條龍一路遊到了「關渡」站。

「關渡」站後，風景有了改變，當閃閃發光的淡水河出現在眼前，我會興奮地在心裡尖叫大喊。不久從「淡水」站再回到「民權西路」站，這條城市遊龍又會害羞地鑽進不見天日的隧道裡，人們將乘坐它再度飛上天空，繼續城市的探險。

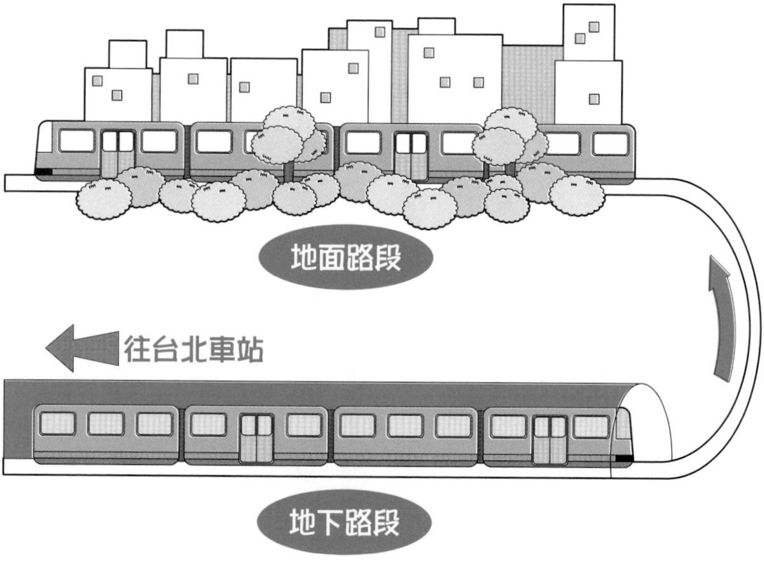

老師講評

第一段先破題，用謎語的方式寫出「遊龍」的特色，最後講出答案是捷運。作者並寫出喜歡搭乘捷運的理由，說出它的便利與特殊性。

第二段寫乘坐捷運經過民權西路站，從隧道回到地面的所見，用譬喻法形容車子像一條龍，龍從地下躍出地面，就像捷運一樣，而此景令作者十分愉快。

第三段再以龍的行動，寫在捷運上對窗外景物的觀察，對沿途的風景和樹木描寫細膩。

最後，空間又回到地底隧道，帶出人乘坐龍在城市探險的興奮之情。

四、記敘物品

◎——概說

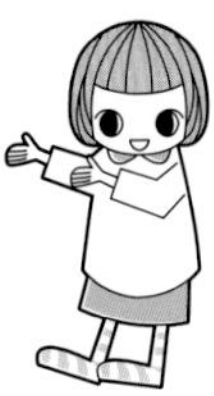

作文可以用「物品」作主角，像寫人一樣描述物品的特質、和你的關係，及物品背後發生的故事。物品雖然沒有生命，可是被人們所使用，人就會對物產生感情，因此一定要把人對物品的感情，表現出來。

在描述「物品」時，首先可先將物品的外觀，如形狀、顏色、聲音和味道等作一敘述，再逐步介紹它的特色和特徵。物品出現在文章中，往往也寄託著作者的某一思想感情，喜歡或討厭，讚美或批評。有時，我們也可以藉某一物暗喻人事的道理，就看作者想表達的情感為何了。

◎——說明引導

關於物品的細部描寫，是在作文中常會遇到的，如果不擅長這方面的技巧，可以多多觀察，加以練習，使文章呈現生動之感。

本篇作文「生日禮物」，是以生日時收到的禮物為主角，寫出禮物背後的故事。你一定曾收過生日禮物，想一想收過最特別的禮物是哪一個？

第一段寫出收到禮物的心情、送你禮物的那個人，和收到禮物的時間、地點、過程。

第二段重點是描述禮物的外觀，運用視覺、聽覺等描寫來形容，也可以使用譬喻法作比喻。

最後一段寫出收到生日禮物的感想，並對送禮的人表示感謝。

◎——範例

生日禮物

今年的生日禮物很特別，是爸爸媽媽送的超大狗熊，放在我的小床上，占掉了三分之一的位子，第一次得到這麼大的玩偶，真是令我又驚又喜。

我幫大狗熊取了一個名字叫溫迪，因為它全身毛茸茸的，讓我覺得很溫暖，長得又有點像泰迪熊，所以我就叫它「溫迪」。我的溫迪是一隻肥肥胖胖的熊，它的顏色是深棕色的，大大的臉上有小小的眼睛和圓圓的鼻子，嘴巴是紅色的，非常可愛。最特別的是，它戴著一副眼鏡，看

起來很博學多聞，只可惜它沒有書，否則我一定以為它是一個老師。

溫迪穿著一件白襯衫和紅色格子吊帶褲，一雙襪子和皮鞋，白襯衫打著紅色的領結，就像一個小紳士。它的手上有黑黑短短的指甲，被毛覆蓋住，看起來像一隻真的熊，可是它一點也不凶猛，是一隻乖巧聽話的玩具熊。真感謝爸爸媽媽送我可愛的溫迪。

我把溫迪放在床邊，每天都跟它說話，尤其是心情不好的時候。它總是很專心聽我講話，是我的好朋友，也是最棒的禮物。

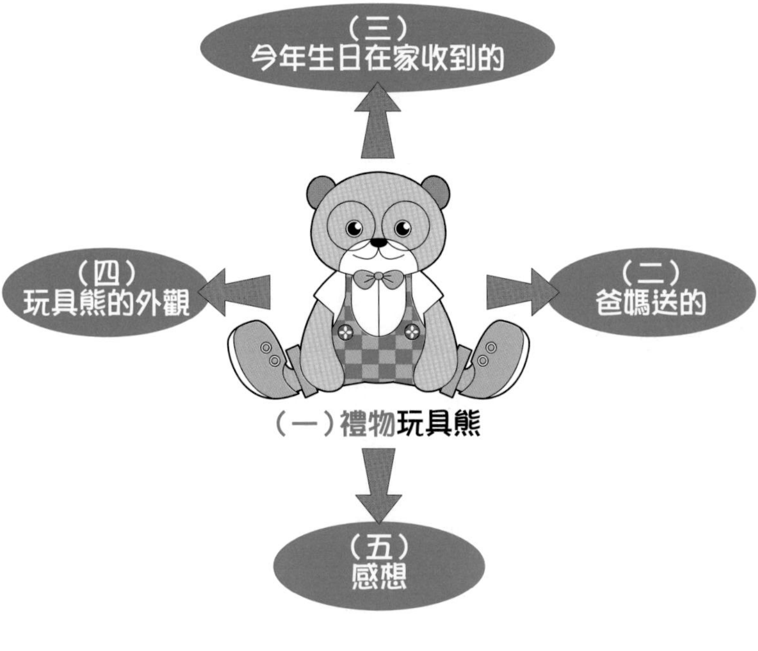

老師講評

本文一開始就直接說明是爸媽所送的「超大狗熊」，並寫出驚喜的心情。

第二段仔細介紹為「超大狗熊」取名的原因，並針對玩偶的眼睛、嘴巴、配件作細部描寫，突顯特色，讓讀者能夠想像禮物的樣子。

第三段轉而介紹「超大狗熊」的衣著，更進一步強化玩偶的樣子，並從這些描述看出禮物的精緻，顯示是父母精挑細選的禮物。

最後，作者將「超大狗熊」當作自己的好朋友，認為這是所收到最棒的禮物，並感謝父母，回應文章的開頭。

文章描寫細膩，建議在第一段加上發現禮物的經過，用動作和表情描寫作者的「驚喜」，會更吸引人喔！

五、描寫動物

◎——概說

寫動物和寫人一樣，要抓住動物的「特徵」寫，在寫作前必須仔細觀察動物的習性，例如蜜蜂努力工作、小狗會看門，或寫出牠們的外表、叫聲等等。另外，可以運用擬人法，把動物寫得像人，使動物有感情、有想法，動物的形象就非常可愛了。記得要寫出動物的動作，最好是能引人發笑的，並與人類的互動聯繫在一起，寫出人和動物之間的感情，文章才會動人。

◎——說明引導

本篇作文「我的寵物『小喵』」，是讓你介紹自己的寵物，如果你沒有養寵物，可以憑空想像，如果你要養寵物，最想養什麼？想要怎麼對待牠呢？你也可以寫出親戚、朋友養的寵物，雖然這個寵物不是你養的，但牠也和你相處過，你對牠很熟悉，可從相處的經驗找出印象最深的來寫。

撰寫這類題目時，一開始可先介紹寵物的樣子，並介紹牠的名字，應運用一些譬喻法，選擇最有特色的地方加強描寫。

第二段和第三段則用來敘述你和寵物的互動，或決定養寵物的經過，可選擇兩、三件日常生活小事來寫，描寫寵物有趣的行為和習慣，是不是會對你撒嬌？你如何照顧牠

呢？記得挑最難忘的事來寫。

最後一段是感想，可寫出想對寵物說的話，或對寵物的感情。

◎——範例

我的寵物「小喵」

「小喵」是一隻優雅的虎斑貓，是個小女生喔！牠身體大部分的毛是黃色的，身上有褐色的虎紋和豹點的紋路，脖子下方和肚子的毛最特別，是白色的，四隻腳附近的毛也是白色，像極了穿著白襪子的貓。

小喵平常不喜歡黏人，但心情好的時候會主動撒嬌，有一天，我走到牠面前看牠，牠就忽然「碰」地倒在地板上，肚子朝天，希望我摸摸牠。小喵是隻聰明的貓，只要到晚上八點半，就用渴望的眼神對我喵喵叫，催我餵牠飼料；如果我不理，牠就會跟著我走來走去，直到我幫牠準備晚餐為止。小喵最喜歡跟我玩「躲貓貓」，牠常常躲在家裡的任何地方，讓我找好久都找不到牠，真令人生氣！

小喵就像個優雅的貴婦，如果牠不想理人，就算我們一直叫牠的名字也沒用，但是有個「祕密武器」可以用來吸引牠，那就是「貓草」。貓草是一種清香的貓薄荷，只要我倒少許貓草在地上，小喵就會發出一聲低吟，接著翻身倒在貓草上，身體像蟲一樣扭來扭去，臉上一副迷醉的神情，像在說：「喵——好舒服啊！」看牠玩得這麼高興，我也好開心。

小喵是我們家的開心果，大家都很寵愛牠，我希望牠能一直陪伴我，陪我吃飯，陪我玩耍，陪我共度每一天，也希望牠能健健康康、無憂無慮地長大。

老師講評

本文一開始先描寫寵物「小喵」的外觀和特徵，讓讀者認識小喵，是記敘動物或人物時一個不錯的切入點。

第二段寫小喵的個性，突出小喵惹人憐愛的一面，呈現出「我」和小喵互動的情形，和小喵調皮可愛的一面。

第三段接續第二段，只是更強化小喵的特性，例如「如果牠不想理人，就算我們一直叫牠的名字也沒用」，來說明前句牠「像個優雅的貴婦」般的驕傲。但是「我」還是有「祕密武器」可以吸引馴服小喵，小喵會馬上迷醉，玩得好高興。

最後，作者期待小喵可以陪他共度每一天，希望牠能健康、無憂無慮地長大。

本文是一篇讀起來充滿童趣與幸福甜蜜的文章，真摯地寫出自己和寵物的感情。文中對寵物的描繪，無論是外觀、個性或玩耍的情形，都十分生動，充滿了對寵物的愛。

貳 文體篇

UNIT

2-2

抒情文

UNIT 貳 文體篇

2-2 抒情文

抒情文是抒發情感的一種文體，寫作時要以「情感」為重點。生活中有大大小小的事情，會影響我們的情緒，如喜、怒、哀、樂、愛、惡、懼，這時我們拿起筆來，透過文章記錄這些情感，就是在寫抒情文。抒情文的內容偏重「情」，不論是懷人、感事、念物或因景生情，都是在表現自己的感情，反映自己的情緒。

你可以用許多方式來描寫情感，例如動作、誇大或譬喻，像「我很難過」，只用「很」是不夠的，可改成「我難過得像快死掉一樣」，在句子中使用譬喻和誇飾，會使情感更強烈。

撰寫抒情文應寫出內心真實的情感，文章才會深刻感人；懷念人、物的內容，要藉著事情來表現，從回憶往事來表達感情；寫事件還要用風景或人、物來襯托，才不會太單調。

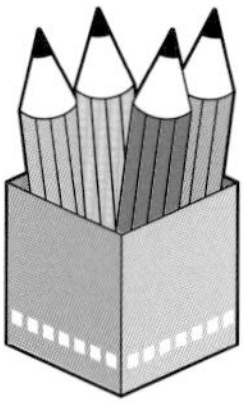

直接抒情

◎——概說

直接抒情就是不必藉著其他事物，就能把心裡的情感直接描述出來，就像一個人說話的方式很直接，喜歡你，就直接說出來，不會繞著圈子講或讓你猜謎。這種方式，可以將情感強烈地表達出來，表現作者熱情奔放、直率、親切、誠懇的特質喔！

◎——說明引導

本篇題目「秋天的問候」有兩個重點，一是寫出「秋天」季節的面貌，二是「問候」，把秋天擬人化，假想秋天到來對你的問候，並直接書寫你對秋天的喜愛。

第一段先寫出秋天到了，景色是如何？作為文章的開頭。

第二段寫秋天是怎樣問候你的？秋天的到來會使人或萬物產生變化，重點在寫出這些「變化」，如秋天會使天空變暗、使晝短夜長，使你或家人的生活有了改變。利用擬人、譬喻的方法來形容秋天，把秋天當作有生命來寫。

第三段寫出喜歡秋天的理由，可舉一件事情當例子，如和家人的出遊，看到了什麼等等。

第四段寫出秋天帶給你什麼省思？

◎——範例

秋天的問候

突然吹來一陣風，抬頭一看，樹葉染上黃綠色，太陽變成橘子的顏色，我穿上了薄薄的外套，是秋天告訴我，它已經到了。

我愛秋天！秋天用各種不同的方式向我們問候，它讓早晨的天空換上淺灰色，讓太陽偷懶提早回家休息，讓我的鼻涕跑出來見人，也讓媽媽把迷你裙收起來。秋天是一個魔法師，趕走炎熱的夏天，帶來涼爽的風。

我愛在秋天去戶外玩，爸爸媽媽常帶我和哥哥去爬山，我們一邊爬山，一邊觀察植物，沒有發燙的柏油路和毒辣的太陽，芒草長長了，草地換上金黃色的地毯，天氣很涼，我們流很多汗，陽光溫柔地照在我們身上，使我們感到非常舒服。

爸爸喜歡在山上眺望遠處的風景，媽媽說要多呼吸新鮮的空氣，我跟哥哥忙著抓昆蟲。昆蟲們一過秋天就死了，短暫的生命就像秋天的腳步，提醒我要更加珍惜時間，因為時間總是很快就過去，一刻也不停留。

老師講評

本文著重在描述秋天帶來的「變」，從變化中看見秋天的面貌。

第一段開始，就用幾種訊息如樹葉變黃、太陽變橘色、衣服換季等，訴說秋天已經來了，是值得學習的技巧。

第二段直接表達出「我愛秋天」，承接第一段秋的「問候方式」，利用早晨、太陽起落、我和媽媽的活動，寫出秋天的特色，可見作者對生活的觀察細膩。

第三段寫秋天帶給人身、心的舒服感受，利用全家秋遊為例，加上視覺、觸覺等感官描寫，直接表達對秋的喜愛。

最後，以秋天的短暫，寫出對珍惜時間的省思，使作文的結尾十分具有意義。文章能穿插擬人法，切合題目的要求，使得文字非常活潑生動。

借景抒情

◎——概說

間接抒情，就必須借助一些事物，才能抒發內心的感情，它的類型有敘事抒情、借景抒情及借物抒情等。寫作時，你可以借助一樣物品、一件事情或眼前的風景，來宣洩心中的感情，

「借景抒情」是因為景物而引起內心的感懷，借景物以抒發情感。如果你到某個地方，看到美麗的風景，自然會對景物的美好產生感動，你將觀察到的地理及季節的變化，加上自己對生活的感觸，用文字描寫下來，讓人感受你內心的感情，就是一篇借景抒情的文章。

◎——說明引導

本篇題目「搬家」，是寫搬完家之後回到舊家的心情，因為對舊家濃厚的感情，牽引出傷感的情緒。如果你沒有搬家過，也可以想像搬家是怎樣的情形。

第一段寫搬完家後回到舊家，見到舊家景象所發生的情緒，並將景物描寫出來。

第二段寫遺留在舊家的物品有哪些？對這些物品有什麼回憶？

第三段把描寫集中在某件物品，這件物品是你使用很久的，卻因某種原因沒有帶到新家，把它描寫出來，也把情感放進去。

第四段寫你離開舊家的心情感受。

◎──範例

搬家

前幾天我們家搬家了。搬完家以後，我和爸媽回到舊家去整理不要的東西，我回到自己原來的房間，想著從前我都住在這裡，現在卻已經離開了，忽然覺得有點難過。媽媽說，我從出生就住在這裡，已經十一年了，舊家和我的年紀一樣大，可是我卻要離開它。

房間裡面還有好多以前的舊玩具，大部分是爸爸媽媽買的，也有一些是爺爺、奶奶、外公、外婆送的，它們都已經壞掉了，但是我一直捨不得丟掉。

我的書桌也沒有搬去新家，爸爸說，新家的書桌是訂做的，放不下原來的書桌，就不搬過去了。我喜歡原來的書桌，我常常在上面畫畫寫字，書桌被我塗得五顏六色、花花綠綠的，是一張很漂亮的書桌。

我把所有的玩具都丟到垃圾袋裡面，書桌還留在房間裡。爸爸說，以後我們都不會再回來這裡，他關上舊家的門，我難過得想哭，只好跟著爸爸回到新家。

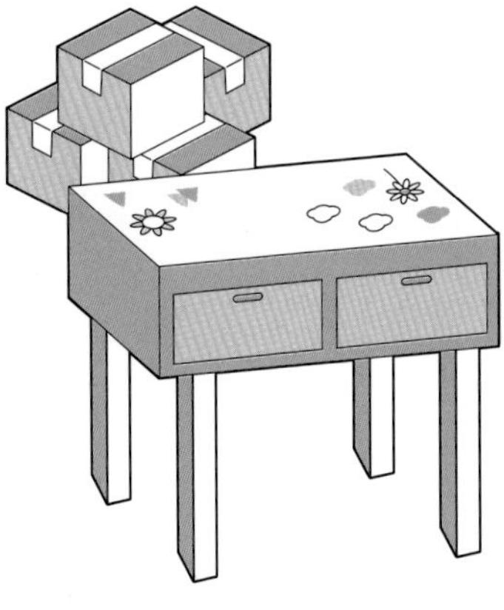

老師講評

本文從搬家後的感受寫起，藉著所見景物而興起種種情感。文章分成四段，第一段寫回到舊家面對舊物的難過之情，舊家對作者來說，充滿了回憶與懷念。

第二段延續第一段說明舊物的來源，也代表著情感的羈絆。建議在此段選擇一、兩件物品來描述，會加深讀者印象。

第三段的內容碰觸了心靈最脆弱的部分，因為書桌太大，所以充滿回憶的書桌也無法帶到新家，更增加割捨不下的情感。

最後一段寫關上舊家門的那一刻，如同作者將明確地拋棄過去，使文章的情感推到最高點。

本文藉搬家一事抒發離別的傷痛之情，寫人對房子的感情，情感流露恰到好處，觸動人心。

借物抒情

◎——概說

借物抒情，是借助某樣物品，帶出自己的情感或回憶，讓你想到某個人或某件事，所以這個物品，常常是情感的象徵，在作文中扮演重要的角色，寫作時要描寫一下這件物品。

「睹物思人」、「因物生情」的文章，雖然要描寫物的外觀，但文章重點不在描寫物，物只負責帶出你的情感，你對人、事產生的情感，才是文章的重點。因此借物抒情的文章，要特別注意內心情感的描寫，才能引起共鳴。

◎——說明引導

「借物抒情」就是「睹物思情」，要透過某種物品，勾引出內心的感情。本篇題目「手錶的故事」是寫一則與手錶有關的故事，你可以寫出真實的事，也可以虛構一篇「故事」，但必須像是真的。

文章可分成三段。第一段寫出手錶的來源，帶出一段與手錶有關的故事。

第二段承接上文，將這個故事的情節寫出來，不要忘記交代人物、事件、時間、地點和物品，這五樣是寫故事的必要條件，並寫出故事的結局。

第三段寫出感想，因為第二段的故事，使你看到手上的錶就想起了什麼人或什麼事？你有什麼特別的想法，也可以在此寫出來喔！

◎——範例

手錶的故事

我手上戴著手錶，我的手錶有一個故事。十歲生日的時候，阿公跟我說他小時候家裡很窮，沒有錢買手錶，只有一面大大的時鐘。有一次他的媽媽要帶他到城裡去買東西，但是他還在田裡種田，不知道已經過了約定的時間，他媽媽就自己去了。阿公種完田以後，才發現錯過時間，覺得很懊惱。

回家後，阿公一直等不到媽媽回來，很晚很晚以後，阿公的爸爸才從外面回來，邊哭邊跟他說，媽媽被火車撞死了。鄰居的阿姨說，因為阿公的媽媽一直還在等他，等到火車開動了，才準備上火車，可是已經來不及，一個不小心，阿公的媽媽掉到鐵軌上面，就被火車輾過去了。阿公很傷心，覺得自己害死了媽媽，所以，從此以後他都很注意時間，絕對不遲到。

十歲生日的時候，阿公送我一只手錶，告訴我這個故事，還有守時的重要性。所以，我的手上不只戴著時間，還帶著一個故事。

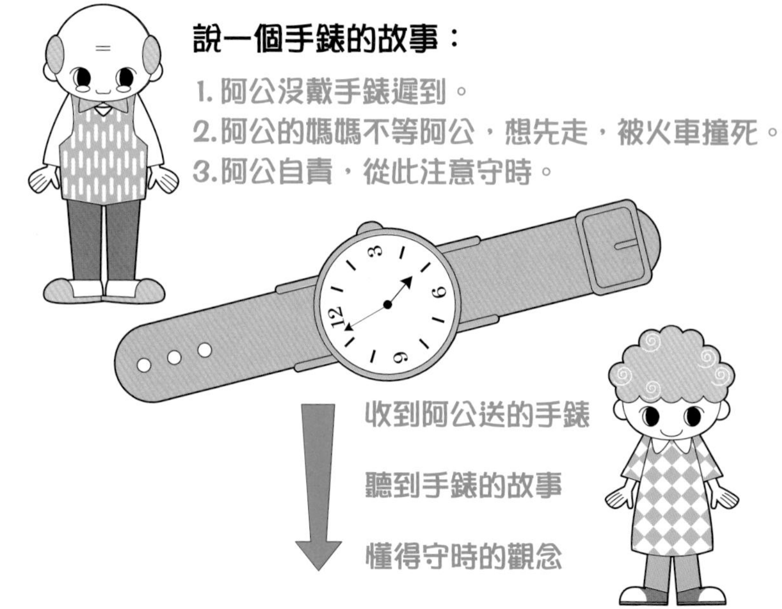
說一個手錶的故事：
1. 阿公沒戴手錶遲到。
2. 阿公的媽媽不等阿公，想先走，被火車撞死。
3. 阿公自責，從此注意守時。
12
3
6
9
收到阿公送的手錶
聽到手錶的故事
懂得守時的觀念

老師講評

本文第一段點出關於「我」手上的手錶的故事，其實是阿公所說，是一則與阿公有關的故事。

第二段說到故事的高潮，阿公的母親被火車輾過，原來阿公一直自責自己沒有時間觀念，歸咎於沒有手錶。

第三段以阿公送「我」手錶，點出守時的重要性，還有藉著阿公抒發對自己母親的懷念。

這篇文章是以「我」──第三者轉述阿公的故事，即替阿公抒情，當中也有作者對母親的情感。手錶因此有了雙重的意義，一為時間，一是感情，時間由感情所牽引，是一篇將物品與情感密切結合的好文章。

借事抒情

◎——概說

敘事抒情，是把「說事情」和抒情結合起來，藉著說一件事情，來寄託情感。表面上，好像只是在講事情，抒情的成分少了，但其實是藉著幾件小事來表現感情。

因為是透過敘述事件來抒發情感，事件本身的發生經過和狀態，就成為書寫的重點之一，但文章的重心還是「情」，如果你把感情融入在生活瑣事當中，再加上對該事件產生的特殊情感作為背景，透過對事件的體會，情感得以宣洩，會比直接抒情更感人。

◎——說明引導

本篇題目「夏天的樂趣」，是要你寫出夏天有哪些樂趣？重點在「樂趣」，是說出你的喜愛，而不是討厭。每個人的個性和興趣不同，對於夏天的感覺也會有異。有人喜歡夏天可以吃冰，有人喜歡在夏天吹冷氣、蓋棉被，也有人喜歡晴朗的大太陽，每天可以出去玩。想一想，你最喜歡在夏天做什麼事？產生了哪些趣味？

第一段寫喜歡夏天的理由，選擇一種最愛的活動來寫，如游泳、爬山、衝浪等。

第二、三段詳細寫從事這個活動的好處，你可以在感官上得到什麼享受？能不能學到什麼？或是認識新朋友？

最後一段寫出感想和對夏天的期待。

◎──範例

夏天的樂趣

我很喜歡夏天，不只可以吃冰，最棒的是，在夏天可以盡情地玩水。一年級的夏天，爸爸幫我報名游泳班，從此我就愛上夏天。不管是在游泳池、溪邊或是海邊，我都可以運用游泳的技巧玩水。我會游蛙式，像一隻小青蛙浮在水面上，微微地抬起頭，然後雙手向兩邊划開，腳也要用力張開，呼吸，吐氣，身體就會在水中前進。

玩水有很多好處，可以不必在家吹冷氣，也不用在球場上晒太陽，在炎熱的夏天把身體泡在水裡，想像自己是一隻大海裡的熱帶魚，海水就是我的家，雖然沒有海草和螃蟹，但是也沒有大白鯊會傷害我，可以無拘無束地游來游去。

游泳的時候，也會認識很多人，大家都在同一個游泳池裡面，有時候我們會去捉弄其他在游泳的人，讓他嚇一跳，有時別人也會來拉我的腳。這時候，我一定會立刻反擊，用水潑他們，他們也會反潑我，大家就在水池裡玩起星際大戰，一直到回家的時間才結束。

游泳是夏天裡最快樂的一件事，如果夏天不能游泳，那就太沒意思了。每年只要夏天一接近尾聲，我就希望明年的夏天趕快來，這樣我就可以泡在水裡，盡情一夏。

老師講評

本文分四段，一開始寫出夏天喜歡做的活動是「游泳」，然後寫到自己會游哪些姿勢，運用譬喻法「像一隻小青蛙浮在水面上」，讓人容易聯想到蛙式的姿勢。

第二段寫玩水的好處是享受清涼的感覺，又發揮想像力，將自己設想成在海裡優游的「熱帶魚」，非常有趣！

第三段寫到游泳可以認識許多人，並運用動作描寫，生動地形容玩耍的情景。

第四段寫出對夏天的期待，因為游泳太好玩了，因此作者希望明年的夏天趕快來。

本文將活動與對夏天的喜愛密切結合，是另一種書寫季節的方式。

借人抒情

◎——概說

「借人抒情」主要表現為對某人的感懷與思念。這類文章作者感情的發生是因為某個人物，於是透過寫文章的方式，將我們內在的情緒表達出來。感懷人物的文章往往有生離與死別的情境，宜在情感上有深刻的感受或體悟，才能讓感情自然流露，引起共鳴。

◎——說明引導

每個人都有屬於自己的心聲，心聲可以不為人知，深深地埋藏心中，也可以大聲喊出來，讓別人了解。每個人的心聲都不同，有人渴望得到關心和愛，有人想要一輛腳踏車。遇到這類作文題目時，可以想想看，你的心聲是什麼？又該如何表達自己的心聲呢？

我們在生活中也曾發出對某人思念的「心聲」，這種心聲很感性，也很真摯深刻，本篇作文讓你試著寫出自己的心聲，請你選擇一個對象來寫，對象沒有限制，它可以是自說自話式的寫出對父母的要求，或對班上同學的愛慕等等，就看你如何運用巧筆，融入真實的感情去寫作。

本篇題目「我的心聲」講的是對表姐的思念。

第一段寫和表姐分離後自己的改變。

第二段回憶與表姐的過去，充滿難過的情緒。

最後一段訴說對表姐的感情與想念。

◎——範例

我的心聲

表姐，你知道我有多想妳嗎？自從妳去美國讀書以後，我們已經有兩年沒有見面了。這兩年來，我長高了不少，頭髮也留長了，成績也有進步，在班上有兩個好朋友，我們每天都在一起讀書和玩，過得很快樂。但是我依然很想妳。

阿姨說妳今年還是不能回來，讓我聽了心裡很難過，想起我們從前一起玩的時光，真希望可以馬上見到妳。我已經看到妳上次寄回家的照片了，我媽說，妳變得更高更漂亮了，一點都不像台灣的學生。我也覺得妳看起來像外國人，可是每次跟妳講電話都覺得好像才是昨天，我們才一起去外公家玩。外公和外婆明年會去看妳，我也真想跟他們去，可是我媽說我要補習，看來，還要好久我們才能再見面。

親愛的表姐，妳在美國過得好不好？有沒有交到知心的朋友？每次聽到阿姨說妳很想家，打電話回家哭，我的心也跟著流眼淚。如果妳沒有好朋友可以訴苦，可以把心聲寫在紙上，寫完以後，妳就不會哭。就像我每次寫完跟妳說的話，心情就會變好，好像妳已經聽到我的心聲，知道我有多想妳。

老師講評

本文一開始就流露情感，傳達對表姐的思念。作者利用自己外貌的改變，無形中讓人感受時光的流逝，聯想到作者已許久沒和表姐見面的時間感。

第二段回憶過去的時光和看見表姐照片的陌生情緒，熟悉又陌生的感覺，十分複雜地道出作者的情感，並舉出兩人過去一同去外公家，現在卻不能，加強表姐不在身旁的遺憾。

最後一段用**設問法**開頭，用問句在心底問表姐是否過得好。其實兩人都有要對彼此說的心聲，卻因為時空的關係，也只能暫時放在心裡。「我的心也跟著流眼淚」巧妙地寫出內心的難過，心是不會流淚的，**將心擬人**

化則更加生動。

本文藉著表姐寫出情感，是一篇感人的文章。

記憶抒情

◎——概說

所謂的「記憶抒情」就是透過回憶的方式，來抒發我們的情感。回憶總是帶有太多難忘的人和事，鎖藏在記憶底層或心中，有歡聚的笑，與離別的淚，既酸甜，也飽含苦辣。每一次的回憶都是成長的累積，就算是有遺憾，不夠圓滿，在回憶的過程中，我們的心靈已經得到淨化。透過書寫，情感將得到昇華。

◎——說明引導

每個人都有屬於自己的回憶，透過記憶

來抒發情感，是很常見的作文類型。「那一年的回憶」指的是在某一年發生了令人難忘的事，因為這件難忘的事而使得那一年變得特殊，或格外有意義。

在寫這類題目時，可以先想想自己過去是否曾經有過什麼特別的經驗？它可以是一次旅行、學習經驗，或是與親人好友的聚散，沒有特定的範圍，只要對你而言是十分難忘的記憶即可。

我們可以在第一、二段略述事件經過，讓回憶的線索明顯可尋。

第三段寫下最印象最深刻，或最動人的記憶。

最後回到我們的回憶抒發感懷。如此，就是一篇「記憶抒情」的作文了。

◎──範例

那一年的回憶

我知道再也不可能回到那一年、那個地方，和當時的我們。

天空很藍，雲飄動得很快，有一場颱風就要來臨，我們的夏令營也要被迫提前結束。可是，就在整理營地打包行李的時候，我才認識你，你已經收拾好，在現場幫忙每個學員，我的動作很慢，大家都快完成自己的工作了，只有我還慢吞吞地整理不完，你來幫我收行李，我覺得你很親切，想跟你當朋友。

颱風比預料的還快，雖然沒有很大的風雨，老師們還是沒有讓我們回家，我們住在活動中心，晚上跟爸爸媽媽打過電話，就在活動中心辦「營火晚會」，大家在晚會上唱歌、跳舞、玩遊戲，好幾次，我們都分在同一組，讓我有機會進一步認識你，你說你住在台中，以後我們可以打電話或是寫信聯絡。

隔天中午，夏令營結業式，風雨也結束，太陽又探出頭來，可是已經到了要分開的時候。好多小朋友的爸媽都來接他們，大家都很開心，我的爸媽也來了，他們跟老師打過招呼，就準備帶我回家，但是我一直努力在人群中尋找你的身影，你不知道躲到哪裡去了，我請媽媽幫我拿背包，又找了你一回，還是沒有見到你。於是，我只好上車，跟著爸媽回家。

在車上，爸媽問我夏令營的事，我也沒說什麼，心裡只想著你到底在哪裡？為什麼忘記我們的約定？我想親口謝謝你，讓我度過一個難忘的夏令營，還有一個讓我難以忘記的人。

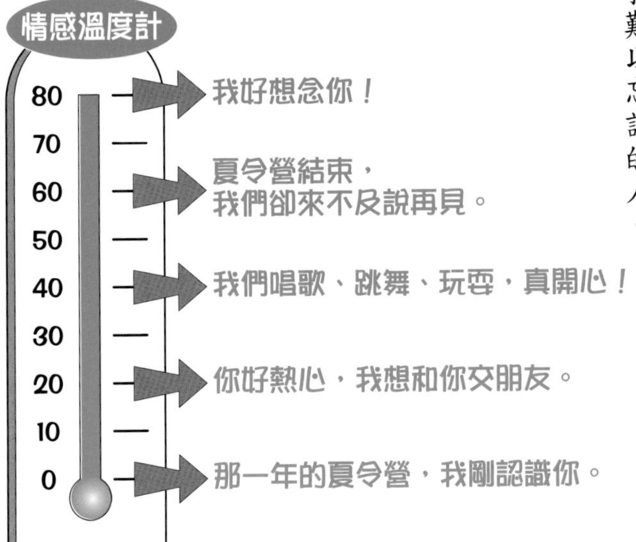

老師講評

文章一開頭用「我知道」，簡短精鍊的語句引出「那一年」發生的一些事，帶點懸疑的效果。

第二段突然出現「你」，「你」的勤奮與熱心引起作者的注意，更使作者興起交朋友的念頭。

第三段寫營火晚會，作者和「你」進一步認識，培養出友情。第四段夏令營結束，小朋友都被父母接走，在忙亂的情況下，作者失去與「你」道別的機會，呈現遺憾與不捨。

最後一段用疑問來突顯不捨的情緒，並表達對「你」的感謝之意。

文章用第二人稱的「你」來書寫，口吻具親切感。以夏令營的開始與結束縱貫全文，發展每個段落，並以作者與朋友的友情發展橫貫全篇，每一段都寫「情」，讓情感如潮水一波波地上漲，層次分明，是一篇佳作。

貳 文體篇

UNIT

2-3

應用文

貳 文體篇

UNIT

2-3 應用文

應用文是因應日常生活需要而產生的文體，凡是個人相互間，機關、團體相互間，或是個人與機關、團體相互間往來，所使用的各種特定形式的文章，就叫作應用文，它為人們的交往和溝通，帶來許多便利，在人與人之間扮演重要的角色。

應用文的種類，隨著人際關係與社會生活的演進，而不斷增加，大約有書信、便條、公文、契約、通知、啟事、收據、借據、請帖、對聯、演講稿、日記等多種，小朋友會接觸到的是書信、日記、讀書心得、便條和啟事。

應用文和其他文體不同，它具有特定的格式，格式是根據用途和表達的對象不同，來決定使用的。應用文的寫作應符合現代需要，文字要求淺顯通俗、有禮貌，並能傳遞正確的訊息。

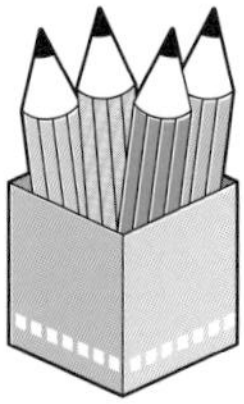

書信

◎——概說

書信是一種表達情感、傳遞消息的應用文，人們藉以聯絡感情，溝通思想。傳統書信用文言文寫作，術語相當多，而現代書信除了對師長、父母外，用到這些術語的機會很少。

一般學生、小朋友常寫的信，都是用語體文和新式標點符號，可以橫寫，傳統書信所用的術語，現在幾乎不用了，只保留部分必要項目。

現代書信雖然簡單，但仍有固定的格式：

1. 稱謂：信一開始要稱呼對方，如親愛的爸爸。
2. 開頭應酬語：接著要禮貌地問候對方，也可省略或簡化，如「你好」或「好久不見，最近好嗎」。
3. 正文：包含寄信人想告訴收信人的全部內容，是一封信最重要的部分，應該條理分明地選擇重點來敘述。
4. 結尾祝候語：如祝收信人平平安安、長命百歲等，也可以省略。
5. 自稱和署名：寄信人寫上自稱和名字，但須根據與對方的關係來寫，對師長要用「敬上」，自稱「兒」、「女」、「學生」等；對平輩用「上」即可，自稱就寫名字。
6. 日期：應寫在信的最後一行。

◎——說明引導

寫信和說話不同，寫信讓你有充分的時間，去構思想表達的內容，可以修飾所表達的語句。因為不必當面說話，想講的話不會被打斷，而內心想說又不好意思說出口的話，也可以藉由寫信來傳達。

本篇作文就是寫信給媽媽。一開始先問候媽媽，接著可以對媽媽平日的照顧表達感謝，也可以反省自己不聽媽媽的話，使媽媽憂慮、煩惱，並承諾改進自己的缺點，好讓媽媽放心，最後表達對媽媽的關心之情。

◎——範例之一

給媽媽的一封信

親愛的媽媽：

您好嗎？我有好多、好多話想對您說，但總是說不出口，只好寫這封信告訴您。

記得有一次我生病發高燒，體溫高達三十八度，一直嘔吐、拉肚子，您急得眼淚都快要掉下來了，半夜帶著我去醫院掛急診。您的關愛讓我的心感到十分溫暖。

您常說小孩子該讀書的時候，就要用功讀書，玩的時候才能玩得盡興，可是，我卻常常忙著打電動，忘記寫回家作業，讓您非常生氣。我和您的個性很像，都是暴躁的急性子，常因貪玩和您吵架，從今以後，我會聽您的話，每天認真地寫作業，等到週末時，再放鬆去玩。

媽咪，最近您的身體不太好，我希望您能健健康康的，我會盡最大的努力，像您照顧我一樣用心照顧您，讓您每天都很舒服、很愉快。

親愛的媽媽，您辛苦了，別忘記吃午餐，要多多休息喔！

祝身體健康

兒　小豪　敬上

民國九十六年五月十三日

老師講評

本文是一封寫給媽媽的信。文章一開始就以簡單的直敘法，坦白說出要寫這封信的動機——「好多話想對您說，但總是說不出口」，情感洋溢。

第二段寫感謝媽媽的事，回憶某一次生病發高燒時，母親的焦急心態，作為感謝媽媽的理由。

第三段寫常惹母親生氣的原因——「常常忙著打電動，忘記寫回家作業」，又說到自己和母親的個性很像，常因貪玩和母親吵架，真實呈現家庭生活的面貌，很生動精采。

最後，寫母親的身體不好，希望母親能健康，別忘記吃午餐，體貼入微的關心，流露出為人子女的愛，有著溫馨的情感。

整封信圍繞在子女對母親的感謝、抱歉和關愛，層次分明，敘述有條理。相信每一個媽媽看到了，一定會忘記曾經有過的不愉快，對著這封發自內心的信，格外感動。

◎——說明引導

除了寫信給真實生活中的人，你也可以發揮想像力，寫一封信給歷史人物，如秦始皇、班超等，或寫信給虛構出來的人。

本篇作文是寫信給秦始皇。在寫信之前，要先了解歷史背景及事蹟，例如對最有名的始皇陵墓和出土的兵馬俑，要有基本的了解。你可以用小學生的身分寫信，也可利用兵馬俑或建造陵墓的工匠的身分來寫，後者可以發揮更多的想像力。

想一想，如果你是兵馬俑，對自己的處境有什麼想法？對秦始皇是否又愛又恨？懷有什麼感情呢？把想對秦始皇說的話，用兵馬俑的身分寫出來吧！

◎——範例之二 給秦始皇的一封信

親愛的秦始皇：

最近好嗎？您對工匠辛苦建好的陵墓，還滿意嗎？您一直居住在暗無天日的地底，會不會寂寞呢？

您在十三歲那年，命令全國的工匠及老百姓，為您建造死後的陵墓，並且造出無數個像我一樣的兵馬俑。從開工到項羽攻入咸陽城，陵墓被迫停工為止，時間長達三十八年，這是多麼漫長的日子啊！

您也許不知道，這麼多年以來，我們兵馬俑陪著您待在地下陵墓，是一件很辛苦的工作，尤其是我——跪射俑——總是保持同一個姿勢，單膝下跪，跪到腳都痠了，從此無法站立；我的手握著日漸腐爛的劍柄，最後手空了，變成可笑的姿勢，直到我被挖出地面，被送到台灣，讓一群小學生觀看。我，堂堂的兵馬俑，這個響亮的名字，竟然被小學生念成了兵馬「桶」，您知道我心裡有多難過嗎？

無論如何，還是要感謝您當初命工匠造出了我，我現在才有機會寫信給您。

祝長命百歲

臣　跪射俑　敬上

民國九十六年四月十六日

老師講評

本文是一個充滿趣味的作文題目。寫信者是兵馬俑，他被十三歲的秦始皇命令建造，是虛構的人物。他以自己長年在地底下陪伴的秦始皇為對象，寫出這封信，讓人眼睛一亮，產生期待之心。

一開始兵馬俑問候秦始皇，長期居住在「暗無天日的地底，會不會寂寞」，似乎想一探秦始皇的心事，再穿插歷史上「建造皇陵與兵馬俑」的事件，製造真實與虛幻交替的感覺。

第三段終於寫到跪射俑自己的心聲——待在地下陵墓，是一件很辛苦的工作，尤其是總要保持同一個姿勢，單膝下跪，跪到腳都痠了，從此無法站立。另外，手握的劍柄已經腐爛，變成可笑的姿勢等，寫出身為兵馬俑的抱怨，十分貼切與幽默。

最後，說到被台灣的小學生讀成「兵馬桶」，感覺受到污辱，更是本文的高潮，讓人在笑聲中結束閱讀。

這是一篇充滿創意的文章，發揮高度的想像力，幽默的內容不同於一般書信的嚴肅，十分難得。

日記

◎——說明引導

日記，就是每日一記，主要是記錄一天的感想。日記雖然是應用文，卻很少受到文章格式的束縛，只有在開頭的第一行，必須寫上日期、星期、天氣，記載撰寫時間。

日記的內容除了記錄生活，還可以發表自己對人、事、物的感想或看法，所以形式並不限於記敘文，也可以用論說文、抒情文的方式書寫。日記也沒有字數和篇幅的限制，可以是敘述一件瑣事、抒發一段情感或描寫一幅風景。

寫日記應選擇較重要的材料，有意義的或令人印象深刻的來寫，不要寫一些瑣事，否則日記成了記流水帳，也失去寫日記的意義。

◎——範例

日記一則

民國九十六年六月三十日星期六　天氣晴朗

今天是暑假的第一個星期六，我和爸爸、媽媽去「自來水博物館」玩。

一進園區，我就先衝到兒童歡樂區玩水，那裡的滑水道非常小，玩不過癮，於是爸媽就帶我去「離心力體驗水道」，那裡有長度和坡度足夠我瘋狂下墜的高空滑水道。我和爸媽在滑水道上，坐在彼此的後面，然後一起滑入水池，就像乘坐雲霄飛車，真的是太刺激了！

我玩了很多設施，其中讓我印象最深刻的，是水療ＳＰＡ，我躺在裡面覺得很舒服，起來的時候，全身軟綿綿的；另外就是「城市沙灘」，我和其他小朋友一起打排球，還認識了許多新朋友。

游泳後我肚子餓了，爸媽就帶我去園區附近吃牛排，度過快樂的一天。

老師講評

本文寫自己跟父母去「自來水博物館」玩水的記趣，仔細地記錄了當天的行程和玩樂的興奮之情。

第一段寫「離心力體驗水道」時，用「瘋狂下墜」形容滑水道的長度和坡度，又說像乘坐雲霄飛車的刺激感，文字充滿臨場感。

第二段寫印象最深刻的水療SPA，有一種舒服之感，全身軟綿綿；也和其他小朋友打了排球，認識了許多新朋友。

最後以和爸媽吃牛排，度過快樂的一天為結束。

日記所記，固然為當日所發生的事件，但也可以有更深入的書寫，寫出心路歷程，而不只是記敘一日的行程而已。如果加入自己對這一日全家出遊的想法，觀察父母和自己之間親熱的互動，日記寫來就不至於像流水帳。同學們可以慢慢培養自己的感受力，讓日記的內容更豐富。

讀書心得

◎──說明引導

如果你讀完一本好書後，能把心中的感觸和想法，經過思考和組織，寫成一篇讀書心得，這本好書就能對你產生有意義的影響，不至於讀過就忘。讀書心得的內容，主要有書籍的基本資料、內容大意、讀後感想等。撰寫的步驟如下：

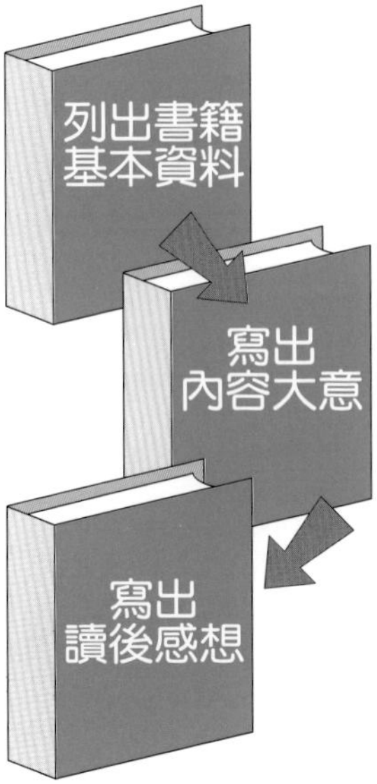

書籍的基本資料指書名、作者、出版社、出版日期等。內容大意包括這是一本關於什麼性質的書？主角是誰？遇到什麼重要的事？其中最精采的是哪一部分？最後的結局是如何？只要重點式的介紹即可，不應詳細敘述，以免篇幅過長。

讀書心得最重要的部分就是讀後感想，在此寫出你的感覺，可分析最喜歡的人物或情節，說明理由，或與自己生活中的經歷作比較，設想如果你是主角，你會怎麼做？也可以寫出讀了此書學習到什麼？甚至可對書中內容及作者的寫作技巧，提出批評與建議。

◎範例

《小王子》讀書心得

圖／晨星出版社提供

書名：《小王子》
作者：安東・德・聖艾修伯里
譯者：姚文雀
出版社：晨星出版社
出版日期：１９９８年７月３０日
版次：初版

內容大意：

《小王子》敘述一個飛行員在飛行意外中，迫降在撒哈拉沙漠，他遇見一個有著金黃色頭髮的小男孩，由兩人的對話，巧妙地表達作者對純真心靈的渴望和追求。

故事主角是來自外星的小王子，飛行員（即作者）因飛機故障而迫降在撒哈拉沙漠，與小王子巧遇，進而了解小王子所居住的星球環境、小王子與他的玫瑰花之間的感情，以及小王子來到地球的原因。

小王子敘述自己陸續拜訪了國王、自負者、酒鬼、商人、點燈者及地理學家的星球，沿途看到大人世界的權力欲、狂妄自大、喪志頹廢以及利欲薰心，最後來到美麗的地球。小王子在地球認識了黃蛇、花園中成千上萬的玫瑰花，以及讓他了解什麼是真愛的狐狸，最後終於體會到他與玫瑰花之間誠摯的感情，便與飛行員道別而踏上返家之路。

讀後感想：

我第一次閱讀《小王子》時，完全不懂故事的意義，可是看了第二遍，就有一些領悟。

在這本書裡，小王子擁有純真的童心和豐富的想像力，作者告訴我們，這是成年後的「大人」所欠缺的。大人總是認為自己是對的，不給小孩空間，常常抹煞小孩的夢想，而且大人從不會發揮想像力去了解任何事情，而要小孩一直向他們說明，真是件很累人的事！

我覺得故事最精采的部分，是小王子帶領我們認識各種不同的人。我看到自負的男人、想要逃避過去的酒鬼、貪慕金錢的商人、固執的燈伕、埋首書本的地理學家等，這些人執著於自己想追求的事物，卻不了解生命中還有其他美好的部分。

我看看自己，每天只知道吃飯、睡覺和玩樂而已，被爸媽、老師強迫讀書，每天只關心成績，也許我應該像小王子，讓自己保有純真的心。希望我長大以後，不會成為那些只重視名利、權勢和地位的大人，而忘記自己的身邊還有許多值得關心的事物。

老師講評

這一篇「讀書心得」，主要從小王子「擁有純真的童心和豐富的想像力」的角度出發。作者對於大人總是不給小孩空間，還「常常抹煞小孩的夢想」這件事感到很不開心，直接說出了身為一個小孩的心聲。

另外，作者還看出了《小王子》中各種不同的人物，所展現的個性和人生，並針對這些人「執著於自己想追求的事物，卻不了解生命中還有其他美好的部分」，提出了自己獨到的看法，是不錯的見解。

最後，作者也反省自己「每天只知道吃飯、睡覺和玩樂而已，被爸媽、老師強迫讀書」，應該要像小王子保有一顆純真的心。末段對自己也提出一番期許，是一篇結構完整的讀書心得。

便條

◎——說明引導

便條其實就是一種簡便的書信，用來把比較簡單的事情告訴別人，如留言、請假、借東西等，它的格式與書信相似，但是省略開頭與結尾的客套話。小朋友學會寫便條，可學習主動關心別人，產生情感的交流，增進彼此的感情喔！

便條的寫法，是在第一行正中央寫出它的性質，如請假條、留言條等。

第二行頂格（不空格）寫收信人的稱呼表示尊重，並加上冒號。

第三行空兩格寫正文，正文後要致意，致意時要另起一行空兩格寫「此致」，下一行頂格寫「敬禮」，如果是給朋友或同學的便條，就可省略不寫。

最後，才是寫上自己的姓名和寫便條的時間。

◎——範例

1 請假條

請假條

高老師：

我今天因為感冒，想請病假在家休息一天，託李小明告訴您，明天早上我應該就可以去上學了。今天的回家功課，我已經請小明放學後告訴我，我會完成作業，請您別擔心。

學生　郭小美　敬上
八月六日上午七時

❷ 留言條

留言條

媽媽：

我去表姐家補習英文，預定六點半在表姐家吃過飯後就回來。表姐家的電話是二六二四二五七三，我會注意安全，請您別擔心。

小怡　敬上
九月五日下午五時

❸ 謝條

謝條

逸俊：

全哥告訴我，在我請假的那兩天，你作了上課筆記並影印一份給我，我非常感謝你，特地寫便條告訴你，星期天我們約全哥一起去打球，打完球，我想請你吃冰淇淋。謝謝你。

忠江留
五月十二日

啟事

◎——說明引導

啟事是一種告知社會大眾的文字，通常刊登在報章雜誌，或在電視、廣播電台播放，或張貼在街道，目的是公布事實、表達意見。

啟事的內容可分為標題、正文、署名和日期：

1.標題：說明啟事的性質或主旨，常見的是「尋人啟事」、「遺失啟事」、「尋狗啟事」等。

2.正文：包含啟事的主要內容，分段或不分段都可以，為了說清楚想公開的事情，有時必須加上數字，分項詳述。

3.署名和日期：包含發啟事者的身分、名稱及撰寫日期，位置在整則啟事的最後。署名之後的啟告敬語可用「啟」、「謹啟」或「敬啟」，不寫也可以。

小朋友較可能用到的是「尋訪啟事」，用來尋人或尋物。尋人可分為尋找失蹤的家人和失去聯絡的親友；尋物是尋找遺失的物品，如錢包、文具用品等，或尋找失蹤的寵物。做法是在報章雜誌刊登尋訪啟事，讓社會大眾知道，請求他們的協助，也可以自行撰寫、印製，然後貼在街道旁或公開派發，作用都一樣。

◎——範例

尋失蹤小貓

日前走失小貓一隻，大約四歲。屬虎斑貓，身上有褐色虎紋和豹點，四肢細長，頸上繫有一紅色項圈。任何人士如發現該小貓蹤跡，並能將牠送回，奉酬台幣五千元為謝。聯絡處：台北市民生路二百二十號二樓王宅。電話：二四一三二一〇〇。

王小明　謹啟

八月六日

貳 文體篇

UNIT

2-4

論說文

貳 文體篇

UNIT

2-4 論說文

論說文是一種對人、事、物發表看法、說明道理、進行分析的文體，內容需要寫出自己的想法和立場，還要有邏輯和分析力。寫論說文最重要的是「結構」，就是文章的段落安排，哪一段要寫什麼內容，都要有條理層次，所以常寫論說文可以鍛鍊你的頭腦。

寫論說文要注意幾個原則：首先，要解釋題目的意義，觀念才會明確，文章的主旨才能建立，如「談讀書」就必須解釋讀書的意義是什麼?第二，要建立自己的立場和主張，才能論述看法，如題目是「學校制服」，就可提出贊成小學生應該穿制服，或是反對的立場。第三，要根據自己的立場，舉出適當的例子加以說明，如穿制服的問題，可舉自己或同學穿制服得到的好處或壞處。第四，寫論說文一定要有條理，把想法清清楚楚地表達，如果內容顛三倒四，讀者就沒辦法理解你的思想。

寫論說文要有自己的見解，你可提出具體辦法，如「亂丟垃圾的解決辦法」等，才能表現出你是個擅長思考的小孩喔！

一、舉例法

如果作文要得高分，文章長度就要夠，但很多小朋友的寫作材料不足，文章鋪陳不開，份量就十分單薄了，如果能夠適當舉例，就能使內容變得充實喔！尤其是論說文更需要充實的內容，可採用舉例法來寫，包括舉言例、舉事例、舉故事例。

論說文如果能適當舉例，並引用名言佳句，在首段和結尾中引用，可增加文采，還能增加說服力。小朋友平常應多閱讀東、西方的歷史故事，或注意社會上發生的重大事件，寫作時才會有想法。

舉例一定要抓住主題來發揮，例子要和題目有關，要有啟發性，讓讀者可以反省自己，而且不能全篇都在舉例，最多利用一到兩段的長度來舉例，就已經足夠。當文章有了適當的例子，你的論述就能言之有物。

舉言例

◎——概說

有時可以在論說文中舉「言例」，讓你的觀點更有力量，更易說服別人。言例指內涵豐富的名人格言、錦句，只要你運用得正確，不但能增強你的說法，還能提高文章的內涵，表現出你的知識豐富。如主題是「談朋友」，就可舉孔子的：「有朋自遠方來，不亦樂乎？」說明見到朋友的喜悅。所舉的名言可選擇孔子、孟子或東、西方哲人、社會賢達的話，但最好是廣為大眾所熟知的，避

免太過冷僻。

◎——說明引導

本篇作文題目是「談讀書」，重點在與「讀書」有關的各個問題，例如：讀書有多重要？讀書的方法有哪些？讀書的意義是什麼？在寫作之前必須思考清楚。文章可分四段，使用「總題分論法」：

第一段是總論，先解釋題目，說明讀書的目的、讀書的重要，可舉出名言、格言，讓作文開頭就有氣勢。

第二、三段分論，分別寫出讀書的方法有哪些？你能為讀者提出什麼建議？

第四段結論，提出讀書對人有什麼影響？你認為讀書的意義是什麼？除了對自己有好處，對家人、社會、國家是否也有益處呢？

◎——範例

談讀書

讀書很重要，一是為了學習做人處世的道理，變化氣質。古人說：「三日不讀書，便覺面目可憎。」如果人平常沒有讀書，談吐就缺乏氣質。二是為了培養知識和技能，因為「書是知識的寶庫、智慧的泉源」，讀書可學到知識，同時也得到智慧。

既然讀書很重要，我們就該用有效的方法來讀書，才能真正得到書本的知識和智慧。方法有下列幾種：

第一，讀書要專心。《弟子規》說：「讀書法，有三到，心眼口，信皆要。」就是讀書時，內心要專注，不要想無關的事；眼睛要專心看字，不要東張西望；嘴巴要朗讀出來，才能加深印象。三個都具備，學習才能事半功倍。

第二，要做好讀書計畫。讀書計畫能讓我們有效率地複習學到的知識，不會浪費時間。方法是在自己能做到的範圍內，定出適當的讀書時間、科目和份量，才不會因為達不到目標而失望。

第三，要有充足的睡眠和運動。很多小朋友常熬夜，第二天精神就很差，不但上課不能專心，對身體也是傷害。所以當讀書讀累了，就應該出去放鬆心情，讀書才能更有效果。

讀書的目的並不是要作大官，而是從書本學到寶貴的知識與智慧，不但自己能豐富心靈，對家庭、社會也能有所貢獻。

老師講評

第一段開門見山提出讀書的重要性。提到的名言，是宋代著名的詞人黃庭堅所說。寫作文時，當我們忘記這句名言是誰說的，可以用「古人說」、「有句話這麼說」代替，但是如果可以寫出作者或出處，絕對有加分效果。

第二段直接以具體的方法教我們如何讀書，列出三點關於讀書的方法，包含了「心」的專注和「身」的健康，的確是能夠把書讀好的重要因素。另外，「讀書計畫」的擬定，也是可以落實執行的。

最後一段點出讀書的目的是：「從書本學到寶貴的知識與智慧」，還能「對家庭、社會也能有所貢獻」，為「讀書」這件事下了註腳，也算是為「談讀書」的目的作了回應。

本文主要的重點在「談如何讀書」，提出的三種方法具體可行，不高談闊論，是寫論說文時應該注意的。

舉事例

◎——概說

在論說文舉「事實」當例子，來證明你的說法是正確的，非常重要！你舉的例子應和談論的主題有關係，能證明你的想法正確，如果例子和主題無關，沒有根據，或是捏造事實、無中生有，就失去說服力。如主題是「努力才有收穫」，你舉牛頓的例子：「牛頓對於一切不明白的事物都很感興趣，並且會不厭其煩地動手去做實驗，還提出三大運動定律，對後世科技影響深遠。」就是敘事完整的好例子。

◎——說明引導

本篇題目「愛護地球」，重點在寫出地球受人類破壞的狀況，並提出解決的方法。「愛護」是用愛心守護的意思，將你的愛心放進文章，就能感動人心。文章分成四段：

第一段感性開頭，講地球因為人類的破壞而哭泣。感性開頭可使論說文更動人。

第二段舉出事實，說明人類破壞環境的情況和造成的後果，如砍伐樹木造成土石流，工廠排放廢水造成河流污染，更可進一步用社會時事當例子，加強說服力。

第三段提出愛護地球的方法，如不亂丟垃圾、節約能源等。

第四段結論，可用勉勵的方式，鼓勵大家一起用行動愛護地球。

◎——範例

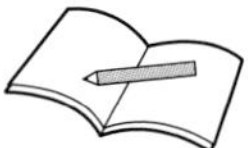

愛護地球

你是否聽見地球哭泣的聲音?當人們攀折花木、製造垃圾的時候，地球發出了嗚咽的哭聲，只是我們的自私與貪心，讓我們聽不見這些聲音，使得地球失去了以往的美麗。

人類是缺乏公德心的，這可以從日常生活看見。我們走在路上總能見到亂丟菸蒂、隨地吐痰、亂丟垃圾的景象，卻不知我們的方便，會帶給地球沈重的負擔，像電池裡的有害成分如果流進河水成為飲水，就會危害健康。而人類為了自己的利益，濫墾濫伐，更造成土石流，如幾年前的林肯大郡事件，土石流沖毀居民的家園，到現在都還沒有重建。

為了愛護我們的地球，人們必須做出具體的行動，發揮道德良心改變不好的習慣，例如工廠不隨便排放污水，商人不過度開採天然資源，大家多搭乘大眾運輸工具，政府投入研究環保能源，農夫種植有機蔬菜、不再使用農藥，多種花草樹木，減少濫伐。只要有恆心地去做，時間久了，地球就能慢慢恢復美麗與乾淨。

地球只有一個，為了要讓我們的地球恢復生機，我們一定要愛護自然環境，有一句名言說：「舉手之勞做環保，青山綠水永得保！」讓我們從自己本身做起，改正不好的習慣，相信不久的將來，一定能使地球恢復原有的面貌。

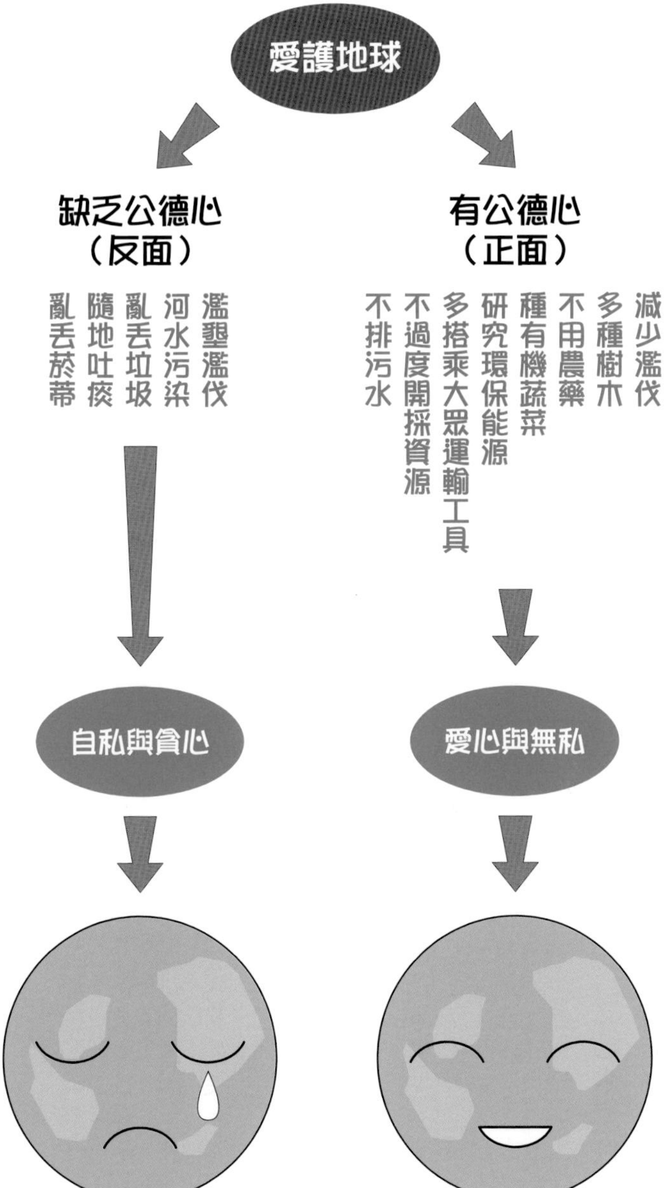
愛護地球
缺乏公德心
（反面）
濫墾濫伐
河水污染
亂丟垃圾
隨地吐痰
亂丟菸蒂
有公德心
（正面）
減少濫伐
多種樹木
不用農藥
種有機蔬菜
研究環保能源
多搭乘大眾運輸工具
不過度開採資源
不排污水
自私與貪心
愛心與無私

老師講評

第一段就用擬人法形容地球在哭泣，感性地給人「地球受傷」的強烈印象。

第二段從反面的人類缺乏公德心的行為說起。因為沒有公德心不僅加重地球的負擔，更危害到人類自己，還舉「林肯大郡」的例子，說明人類害人害己，更強化了地球受傷的罪魁禍首就是人類本身。

第三段正面的提出「愛護地球」的具體建議，首要就是「發揮道德良心」，並舉實例「工廠不隨便排放污水」、「不過度開採天然資源」、「投入研究環保能源」等措施，地球才有可能恢復生機。

第四段，將前面三段作一個總結，大聲疾呼要愛護地球，唯有「從自己本身做起」。

本文用很多例子來充實文章內容，十分牽動閱讀者的情緒，讓人產生警惕之心的同時，也達到寫作本文的目的和效果。

故事例

◎──概說

除了言例、事例，還可以舉「故事」為例，在文章中間插入一、兩則小故事來突顯主題，故事可以來自童話、寓言、小說，也可以自由編造，不一定是真人實事，當然也可以舉發生在你身上的小故事。

故事的內容必須和主題有密切關係，如果主題是「珍惜光陰」，你卻舉了「儲蓄」的故事當例子，就與主題距離得比較遠，不如舉和求學、勤勞有關的故事為例，更能說明「珍惜光陰」的重要。

◎──說明引導

本篇作文題目「勤勞與懶惰」，是要你比較勤勞、懶惰兩種個性，說明它們的利弊得失，並在文章中利用故事法，分別舉出兩個故事當例子，增加說服力。

第一段對勤勞與懶惰作出總論，寫出定義，可利用譬喻法來形容它們。

第二段從正面論述，先寫出勤勞的人有哪些特性，並舉出勤勞的故事說明。

第三段從反面論述，寫出懶惰的人的特性，並用懶惰的故事來說明。

第四段則是結論，寫出從以上的故事可得到什麼結論和感想，並用勉勵的方式作結束。

◎——範例

勤勞與懶惰

勤勞就像個善良的小天使，讓我們藉著她通往成功的道路；懶惰則像個可惡的惡魔，總是消除努力的決心，讓我們習慣安逸的生活方式，最後帶著我們走向失敗。

勤勞的人不管環境有多困難，還是懷著勤奮與持續努力的決心，完成應該做好的工作，例如螞蟻和蚱蜢的故事。在炎熱的夏天，螞蟻辛勤地工作，囤積食物，為冬天做好準備，但懶惰的蚱蜢卻譏笑螞蟻，認為牠們太過緊張。螞蟻不理這些嘲笑，繼續工作，一點也不休息。冬天到了，飢餓的蚱蜢只能找螞蟻求救。

懶惰的人正好相反，不管事情有多重要，工作是不是還沒完成，他們總是能偷懶就偷懶，例如三隻小豬的故事。三隻小豬要蓋自己的新家，豬大哥和豬二哥的個性懶惰，就隨便用茅草和木頭輕鬆搭好房子，結果房子輕易地就被大野狼吹垮，最後只能逃到豬小弟辛勤蓋好的水泥磚房，逃過大野狼的追殺。

這些故事告訴我們，勤勞與懶惰對我們的影響有多深。我們要培養勤勞的態度，克服困難，在生活和課業上多用心，不要像懶惰的人，為了一時的輕鬆而放棄努力，這樣才能成為一個有用的人，成就健康的人生觀。

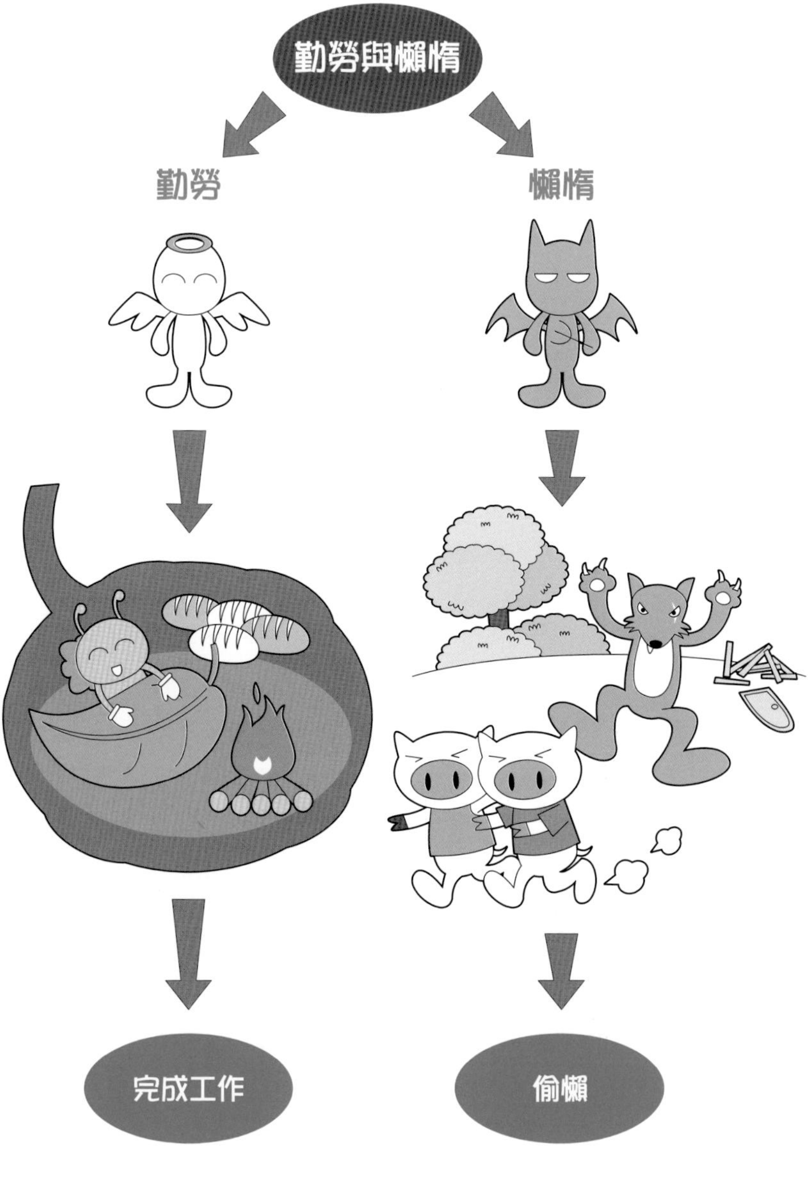
勤勞與懶惰
勤勞
懶惰
完成工作
偷懶

老師講評

第一段用譬喻法，將「勤勞」與「懶惰」比喻為天使和惡魔，突顯了「勤勞」與「懶惰」的極端性。在說理成分濃厚的論說文中，這類技巧值得學習。

第二段以螞蟻和蚱蜢的故事為例，說明勤勞和懶惰的人最後遭遇不同，當初嘲笑勤勞者的懶惰蟲，只能回頭求人幫助。

第三段為了加強懶惰者的形象，以「三隻小豬」蓋房子的故事來輔助說明。

第四段強調要以培養勤勞的態度，克服人生的困難，成就健康的人生觀。

本文以經典童話故事「三隻小豬」，來詮釋「勤勞」與「懶惰」，不僅十分貼切，也讓童話產生新的意義和觀點，既發揮了創意，更使這類立論嚴肅的文章，寫起來不僵硬死板，讓我們認識了論說文的另一種寫法。

二、引用法

引用典故

◎——概說

「引用法」就是直接引用名言名句、古詩文、成語、歌詞、俗語或廣告語等，作為文章的題目，或在內容中引用。嚴格說，這類作文題目都有「典故」，本單元便是要教你如何引用典故。

凡是「典故」都有出處和來源，可以是歷史上曾經發生的事情，也可以現代生活的新經驗。例如，我們朗朗上口的「三人行，必有我師焉」這句話，就是出自《論語》，孔子所說的話。又如我們平常閱讀的成語故事，也都有典故，而「明天會更好」則是出自一首歌曲。

引用歷史上的典故一定要知道意義和出處。歷史的典故歷經時間的淘洗流傳至今，必定都有值得效法、傳頌或警惕之處，特別是古聖先賢的名言或事蹟。

「論說文」顧名思義，就是既要議論，更要說明。為了加強議論與說明的說服力，引用典故就變成寫作論說文中非常重要的環節。能夠在論說文中適當地引用典故，可使文章產生畫龍點睛的效果，增加立論的力道與深度，彷彿古人也來幫我們說話，文章自然加分。

◎——說明引導

本篇文章的題目是出自《論語．學而篇》。子曰：「君子不重則不威，學則不固；主忠信，無友不如己者，過則勿憚改。」專就「過則勿憚改」來說，「過」，是指犯了錯誤；「憚」（ㄉㄢˋ），是害怕；「改」，則是改過。題目的意思是：犯了過錯，不要害怕改過。

了解題目的原意後，我們還可以想想，是否還有另一層更深入的意義。就「過則勿憚改」而言，表面上告訴我們「犯了錯，不要害怕改過」，它更深一層的意思卻是「犯了錯，要有勇氣改過」。從「不害怕」到「有勇氣」之間，存在著「消極」與「積極」的差別。點出題目的原意，再從原意深入引申，並作進一步的申論，就可以寫出一篇說理立論有深度的文章。

本文第一段先解釋清楚題意。

第二段可舉一個故事或事例，說明什麼是上述「消極」的意義，再更深一層寫出周處內心的覺悟，並痛下決心改過，發憤讀書的過程，是「積極」的意義，讓讀者比較出兩種意義的差別。

第三段寫由第二段故事中，所得到的反省和領悟，並從中理解到改過的真意。

第四段總結，重申「過則勿憚改」的意義。

◎——範例

過則勿憚改

孔子曾經在《論語》說過：「過則勿憚改。」意思是：做錯事，不要害怕改過。一個人從小到大，難免會犯錯，不管錯誤是大是小，只要願意改正，都可以成就一番事業。最怕做錯事卻不知悔改，即使有大好機會，也會失去。

相信大家都聽過「周處除三害」的故事。周處常常欺負弱小，讓當地居民十分厭惡，於是有人故意勸他去除掉猛虎和蛟龍。周處知道以後，就決定要替百姓除害，於是他上山射死老虎，又在江裡刺死蛟龍，結果百姓們歡天喜地，以為周處也死了，這讓周處非常震驚。當周處明瞭大家對他的痛恨後，下定決心改過，於是他刻苦讀書、努力修養品格，好學的精神終於受到大家的稱讚，最後得到國君的賞識，成為朝中的大臣。

從周處的故事，我們了解，只要知錯能改，就可以成為一個對國家、社會有用的人才。知道自己犯下的過錯，並找到方法改正，不要害怕改過，學習周處願意改過的勇氣，就可以成為堂堂正正的君子。千萬不要不聽勸告，執迷不悟，一錯再錯，不僅耽誤自己的前途，還可能造成嚴重的傷害。

人非聖賢，孰能無過，知過能改，善莫大焉。犯錯並不可怕，可怕的是不知自己犯錯，或知道了卻沒有勇氣改過。知恥近乎勇，一個真正勇敢的人，不是用力量去打架的人，而是能夠隨時改正自己過錯的人，讓我們成為一個勇敢的人，時時在心底提醒自己：過則勿憚改。

老師講評

第一段先解釋題目，說明只要願意改過，就有機會成就一番事業。

第二段作者舉「周處除三害」的故事，以「除二害」說明「消極」的意義，再以除「第三害」更深一層寫出周處內心的覺悟，並痛下決心改過，發憤讀書的過程，說明什麼是積極的改過。作者寫故事時能全寫重點，取材適當，並加入自己的見解。

第三段則從故事中得到反省和領悟，說明周處知錯能改，後來成就大事業，我們一般人也可以效仿學習。

第四段對「改過」作出結論，開頭就引用「人非聖賢」四句名言，增強說服力。最後一句將改過與勇敢聯繫在一起，鼓勵自己和大家要「過則勿憚改」。

三、對立式

◎——概說

「對立式」的論說文題目，就是指題目中出現兩種意義相反，彼此排斥，不能並存的語詞，例如「好與壞」、「缺陷與完美」或是「進步與落後」等題目。面對這類作文題目，最重要的就是要了解兩個對立項目之間的關係，它們如何形成、如何發展，又為何產生對立的結果。以「進步與落後」為例，思考的線索則可以從進步與落後發生的原因，以及人們對進步與落後的態度，到最後朝著追求進步、拒絕落後去努力等方向探討。

「對立式」的論說文題目，最主要就是要寫出兩個對立項目之間的關係，能將此關係說明得越清楚，就越是一篇好文章。

◎——說明引導

本文的題目「失敗與成功」，是要你寫出「失敗」和「成功」兩者之間的關係，以及「失敗」和「成功」發生的條件。舉例仍然是文章中不可或缺的要素，可以幫助增加文章的說服力。

第一段先對「失敗」與「成功」，作一綜合性的概述，寫出「失敗與成功」與我們的生活形影不離。

第二段寫失敗的原因，還有失敗的解決之道。

第三段寫成功的要件，以及面對成功與失敗應有的態度。

第四段結論寫不論成功或失敗，都要繼續努力地邁向成功之路。

◎——範例

失敗與成功

「失敗與成功」就像我們熟悉的兩個朋友，隨時出現在生活裡。當我們讀書考試，或是競技比賽的時候，他們就會在一旁搖旗吶喊。於是，有人快樂，有人傷心，然而每個人都有機會面對失敗與成功。

每個人都只想成功，不願意失敗，但為什麼有人會成功，有人卻失敗？那是因為事前準備不足，所做的努力不夠。因此失敗的時候，我們要反省自己的過失，找到解決之道。如果不知道失敗的原因，可以請教他人，只要找到正確的方法，成功並不困難。

失敗必有原因，看到別人成功時，我們不要嫉妒，應該記取失敗的教訓，觀察別人的優點，並加以學習，也不要妄自菲薄，認為自己不如人，從此自暴自棄。愛迪生發明電燈的過程中，歷經了一、兩千次的失敗，但是最後成功了，全世界的夜晚都有了光亮，不再漆黑一片，所謂「失敗為成功之母」，只要記取經驗，就有成功的一天。但成功的人不能驕傲，要以同情心幫助失敗的人，更不可因此自滿，否則就容易鬆懈，一旦不持續努力，失敗也就跟著來。

在人生當中，我們有時會成功，有時會失敗，無論失敗或成功，都應該繼續努力，虛心以對，勝不驕，敗不餒，就是邁向成功之道。

老師講評

第一段用譬喻法寫失敗和成功「像我們熟悉的兩個朋友」，表示與我們的關係密切，因為人人都有失敗或成功的時候。

第二段寫出失敗的原因是因為準備不足、努力不夠，並提出「反省」和「虛心求教」的解決辦法。

第三段舉愛迪生的例子講成功的條件，就是承擔失敗，堅持到底。並寫出勝不驕、敗不餒的正確態度。

第四段總結，再一次強調失敗與成功是必然的經歷，要用平常心面對，並持續努力地堅持下去，保持正確的態度，就有成功的機會。

文章段落分明、條理清晰，先對題目下定義，中間分別說明，並舉例佐證，最後呼應前文，讓文章有圓滿的結束。

四、並立式

◎——概說

「並立式」論說文，是指把兩項以上，不互相矛盾排斥，可以共同存在的詞語並立在一個題目裡。例如「敬業與樂業」、「民主與法治」或是「勤與儉」。

面對這類作文題目，第一步要先了解兩者之間的關係為何，找出它們彼此的共通處，有何交會點，寫作的時候，要分開說明兩項的意義，再將交會的「點」，作適當的處理。

能夠列為「並立關係」的作文題目，通常兩者都存在相輔相成的關係。以「敬業與樂業」為例，一個敬業的人，必定熱愛自己的工作，才會樂在其中。但是一個不認真工作的人，又怎麼可能熱愛自己的工作呢？

針對題目的「並立關係」，將此關係條理分明地說清楚，就已經掌握了作文的祕訣。

◎——說明引導

本文「看重自己，關懷別人」是要你說明這兩件事應該如何在生活中取得平衡與協調。我們常說，我要追求自我，也常聽到，要記得關心別人。你看重自己的時候，有沒有忘記關懷別人？你認為什麼是看重自己？又如何關懷別人呢？

文章分五段，第一段可以先概述要關懷別人的原因。

第二段寫過於看重自己的不良後果，以

及改進的方法。

第三段寫每個人都需要被關懷，你應該先從身邊的人開始。

第四段寫關懷的方法。

第五段總結，寫出你既看重自己又關懷別人的結果。

◎——範例

看重自己，關懷別人

每個人都必須倚靠他人的幫助，才能在世界上生存。從我們出生開始，就有父母的照料、養育，農夫種米，工人蓋房子，我們才能吃住無虞。所以，當我們在享受的同時，應該要懷著感謝的心，不能只想到自己。

現代人很少考慮到別人，因為太看重自己，以致不顧他人權益，為所欲為，讓社會充滿暴戾之氣。每天打開電視、翻開報紙，詐騙、殺人的事件層出不窮，社會已經病入膏肓，人們缺乏關懷，社會因此變得冷漠，沒有溫暖。看重自己並非壞事，但不能過於自大，每件事都以自己為中心，應該學習體諒別人，要知道每個人都一樣重要，在看重自己的同時，不要忘記關懷別人。

許多人認為關懷別人、對人付出是弱者的表現，卻不知那是自卑者才有的心態。一個身心健康的人，一定樂於幫助他人、關懷他人，因為助人為快樂之本，在關懷別人的同時，自我也獲得滿足。每個人都需要關懷，我們可以先從身邊的人，如家人、鄰居、同學、師長等開始，再擴大範圍，去關懷不認識的人。

至於關懷別人的方法，則有主動幫忙、做義工或是捐款，有力出力，有錢出錢，只要發自內心，就是一份真誠的關懷。社會上有很多供我們學習的榜樣，例如「慈濟功德會」，以「哪裡有災難，就到哪裡去」為宗旨，不分國籍與人種，徹底發揮關懷別人的精神，讓世界上的許多角落都留下他們的愛。

看重自己，不代表自私；對人關懷，也不表示不看重自己。關懷別人是因為我們有寬闊的胸襟，和源源不絕的愛可以付出，同時是看重自己的具體表現。社會充滿愛與和諧，人人自然可以安居樂業，過幸福的生活。

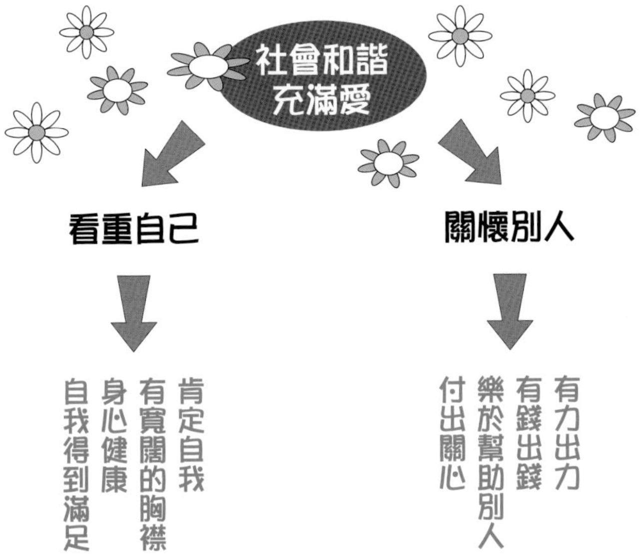

老師講評

第一段以父母養育、農人種米和工人蓋房子為例，說明我們無形中得到別人的恩惠與關懷，應該懷抱感恩之心。

第二段寫過於看重自己就是一種自私心態，社會沒有溫暖就是來自人的自私，並強調自己與他人都很重要，人應彼此關懷。

第三段說明關懷別人才是勇者，提出具體態度與對象，應該從身邊的人開始，慢慢擴大到整個社會、國家、全世界，你就是一個有愛心的人。

第四段列舉關懷他人的方法，有出力或出錢，這些都是付出愛心的一種方式，再舉社福團體的具體例子，提供作為仿效的對象。

最後一段說看重自己與關懷他人互為表裡，如果人人都做到了，人與人自然和諧，成為和樂的社會。

貳 文體篇

UNIT

2-5

童詩

貳 文體篇

UNIT 2-5 童詩

童詩是用新詩的方式寫成的。「新詩」是不同於散文的文類。散文一般以鋪陳為主，文意大都是直接陳述，比較不注重文句的韻律感。雖然散文也運用各種不同的修辭技巧，但是在程度上沒有新詩那麼強調。在內容上，「新詩」是透過象徵和譬喻等技巧來呈現文字的內涵，強調意象的跳躍，所以，詩的文字是經過濃縮的，使用的語言十分精鍊，不同於日常生活用語。

在形式上，新詩最大的特色是分行，單句成行，卻不是散文的斷句排列，這也是新詩與散文最大的區別。另外，新詩雖不需要像古典詩一樣押韻，但也注重韻律感和節奏感。

「新詩」的兩大基本特色，是在文字的精鍊和形式的靈活上，打破了一般我們對散文原有的概念，是一種十分自由與特殊的文體。

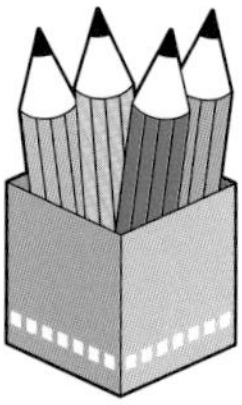

新詩

◎——說明引導

剛開始寫新詩的時候，總難免毫無頭緒，我們可以用「聯想法」切入，對主題作一廣泛的聯想。以本首詩「爆米花」為例，我們可以想想看「爆米花」的特色是什麼？它是一種經過加熱後，會產生霹啪聲響的食物，而且它的外觀呈米白色，形狀像一朵盛開的花。於是，我們就可以試著從「花」開始聯想。

一說起「花」，不外乎會想到花園、蜜蜂、蝴蝶、香味和春天等元素，可是也別忘了，「爆米花」真正的角色是食物，而不是花。於是，我們將這些元素作更仔細精巧的想像，然後運用象徵和比喻的技巧，關於「爆米花」的某些意象就會慢慢出現雛形，如此，就可以開始著手寫詩了。

範例

爆米花

你不是花
卻一朵一朵開在
我家的微波爐裡
散發花粉的暖甜
吸引採花的蜂蝶

你怎麼會不是花
嗶嗶波波是花開的聲音
米白的花瓣有幸福的味道
我是覓食的蜂蝶

你是花

一群開不盡的花
春天來到我的眼中　口中　食道　胃裡
我是飽足的蝶蜂

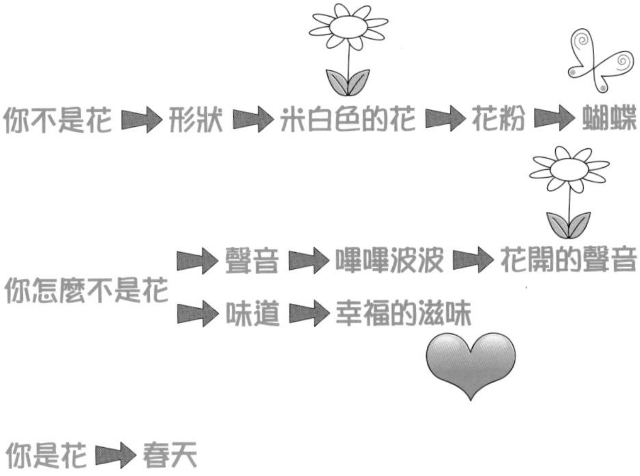

老師講評

「爆米花」一詩透過文字的技巧，在「花」與「非花」之間徘徊，將花與食物之間有一點模糊又曖昧的關係，生動地表現出來。

這一首詩大致可以分成三段，第一段一開始就點出爆米花「不是花」的線索，但是因為想吃的慾望，把自己暗喻成蝶蜂。

接著，用質疑的方式開展第二段，以「怎麼會不是花」的疑問，引出「花開的聲音」，也更加強了自己對它強烈的渴望。

最後，以肯定的口吻確定爆米花是花，而且是「一群開不盡的花」，表示已經吃下了食物，呈現滿足的狀態。

這首詩周旋在「你」是不是「花」的身分確認上，引出自己是「蜂蝶」的角色變化，從一開始準備「採花的蜂蝶」到中間的「覓食的蜂蝶」，最後的「飽足的蝶蜂」，三階段的心理被巧妙地安排出來，呈現了一些意象上的趣味。

圖形詩

◎——概說

將一首詩排列成某一特定形狀，稱之為「圖形詩」，也就是「視覺詩」。

「圖形詩」是因它奇特的形狀而命名，但是，詩中所呈現的意義，並不僅僅依靠它奇特的形狀，形狀通常只是意象的一部分，而非全部。

在寫作「圖形詩」時，要特別注意詩意、形狀、長度和節奏，必須恰到好處，以能夠呈現詩意為原則。千萬不要因為過分追求奇特的形狀，而失去詩所要傳達的意義。

◎——說明引導

以「山」的寫作來說，形狀排列成「山」的樣子，內容則從「顏色」出發，以「山」慣有的「綠色」作聯想的起點。

綠，可以牽引出「舊」、「新」、「平衡」、「重量」、「悲傷」等意象，將這些意象配合修辭技巧，加以變化，組合與排列後，就可以呈現出跳躍的詩意。

同學們也可以跳脫原有的既定想像，題目雖然是「山」，卻不排成「山」的形象，每個人都可以發揮自己的想像力，創造各種「圖形詩」，訓練開發自己的想像力。

想想看，你大腦裡的「山」，該是何種形狀？有何意義？表達什麼樣的意象和故事，情緒或是感覺，而你又該如何呈現？盡量作跳躍式的聯想，你也可以寫出一首「圖形詩」。

◎──範例

山

綠
是你
去年的
舊的衣裳
穿在你身上
有一派新氣象
新的平衡和重量
他踏上了沉沉的綠
顏色就變成一種悲傷
攙扶不住的平衡和重量
一個踉蹌跌入陽光的陷阱
於是滿眼的綠是滿眼的悲傷

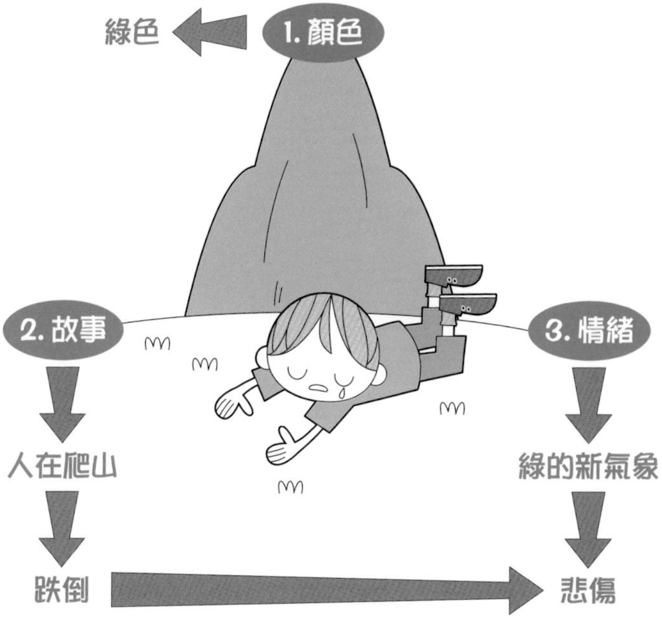

老師講評

本首詩「山」是一首「圖形詩」，它的特色是用形式來表達意象。以「山」來說，我們一看到三角形的形狀，就知道是一首跟「山」有關的詩。再仔細探究它的內容，也是與山有關。

這首詩一氣呵成，一開始說「綠」是「舊的衣裳」，點出山景的顏色，而且無論在任何時候，經過多少時間的歷練，一般而言，山都是綠色。這樣的「山之綠色」，永遠都像新的，它總是穩穩地定立在屬於自己的位置上，不會變動。於是說「有一派新氣象　新的平衡和重量」。

然後，有一個「他」，也許是個失意人或是感傷的人，爬上了山，因為心情的緣故，所以，在他眼中，山的綠就變成「悲傷」的顏色。偏偏他又不小心跌倒了，在陽光的照耀下，那些麗亮光鮮的綠色，也都成了美麗的悲傷，瀰漫一種淡淡的哀愁。

這首詩從外觀的視覺上，我們很明顯就可以看出「山」的形貌，卻無法看出詩中的文字內涵。「圖形詩」所傳達的意義，有時只是表面的意象，真正的詩意，還是需要自行推敲。不過，倒可以成為一種有趣的創意練習，同學們也可以試著寫寫看。

孩子不會寫作文，怎麼辦？

專為國小3~6年級作文老師、學生而設計的一套作文書。

讓你不必花錢補習，就可以對作文啟發獨特的創造力與無限想像力。

名家推薦
以下按姓氏筆畫順序排列

王瓊玲、李芳華、吳鈞堯、高志豪、張曼娟、郭彥彬、黃一彬、陳啟鵬、劉玉國

作者簡介

東吳大學中國文學系碩士班。
現為「張曼娟小學堂」授課教師。

3AZ2

『讓學生不想下課的作文課』

高詩佳 著　定價280元

博客來網路書店長銷書排行榜第一名！

隨書附贈全國第一片「狀聲詞音效」及「學習單」光碟一片

本書甩開老掉牙的傳統教學方式，以美式的活潑教學法，將作文課堂活動轉換成充滿創意的13堂課，每堂課都包括教學準備、教具製作、教學活動、配合學習單等設計，不僅可刺激學生想像力，並讓您掌握教學技巧及教學時參考使用。

3AZ3

『小學生寫作文從這裡開始』

高詩佳 著　定價249元

博客來網路書店新書排行榜第一名！

隨書附贈「寫好作文小撇步」光碟一片

本書將作文的寫法分成8個小單元，包括故事屋、前奏、主曲、尾聲、範文示例、詩佳老師說作文、學習單、基測補帖，用啟發、聯想、類比或說明等，活絡學生組織文學細胞、趣味學習，內容精彩，絕對可讓國小中、高年級的學生對作文啟發獨特的創造力與無限想像力。

家圖書館出版品預行編目資料

小學生寫作文五十二變：挑戰52種作文寫法／
高詩佳，侯紀萍著. -- 三版. -- 臺北市：
五南圖書出版股份有限公司，2024.08
面； 公分
ISBN 978-626-393-629-4(平裝)

1.漢語教學 2.作文 3.寫作法 4.小學教學

523.313 113011308

1X2M

小學生寫作文五十二變

挑戰52種作文寫法

作　　者 — 高詩佳(193.2)、侯紀萍
企劃主編 — 黃惠娟
責任編輯 — 魯曉玟
封面設計 — 米栗設計工作室
美術設計 — 米栗設計工作室
出 版 者 — 五南圖書出版股份有限公司
發 行 人 — 楊榮川
總 經 理 — 楊士清
總 編 輯 — 楊秀麗
地　　址：106台北市大安區和平東路二段339號4樓
電　　話：(02)2705-5066　傳　真：(02)2706-6100
網　　址：https://www.wunan.com.tw
電子郵件：wunan@wunan.com.tw
劃撥帳號：01068953
戶　　名：五南圖書出版股份有限公司

法律顧問　林勝安律師

出版日期　2007年11月初版一刷
　　　　　2012年 2 月二版一刷（共九刷）
　　　　　2024年 8 月三版一刷

定　　價：新臺幣300元